코로나 이후 목회

코로나 이후 목회

지은이 | 톰 레이너
옮긴이 | 정성묵
초판 발행 | 2020. 12. 9
5쇄 발행 | 2021. 9. 13
등록번호 | 제1988-000080호
등록된 곳 | 서울특별시 용산구 서빙고로65길 38
발행처 | 사단법인 두란노서원
영업부 | 2078-3333 FAX | 080-749-3705
출판부 | 2078-3332

책값은 뒤표지에 있습니다.
ISBN 978-89-531-3926-8 03230

독자의 의견을 기다립니다.
tpress@duranno.com www.duranno.com

두란노서원은 바울 사도가 3차 전도 여행 때 에베소에서 성령 받은 제자들을 따로 세워 하나님의 말씀으로 양육하던 장소입니다. 사도행전 19장 8 – 20절의 정신에 따라 첫째 목회자를 돕는 사역과 평신도를 훈련시키는 사역, 둘째 세계선교™와 문서선교단행본 · 잡지 사역, 셋째 예수문화 및 경배와 찬양 사역, 그리고 가정 · 상담 사역 등을 감당하고 있습니다. 1980년 12월 22일에 창립된 두란노서원은 주님 오실 때까지 이 사역들을 계속할 것입니다.

코로나
이후
목회

톰 레이너 지음
정성묵 옮김

두란노

대통령 암살,
우주왕복선 폭발,
9·11테러의 재난은
사람들을 교회로 몰려들게 했다.

하지만 이번 '코로나'의 재난은
교회가 문을 닫게 만들었다.
이 재난은 언제 끝날지 아무도 모른다.
그리고 이후에도 어떻게 될지 아무도 모른다.

◇◇◇◇◇◇◇◇◇◇◇◇◇◇◇◇◇

이런 상황 앞에서
고민하고 기도하는 목회자들에게
이 책을 드립니다.

──────── **Part 1** ────────

코로나가 바꾼 교회,
그리고 도전들

———— **Part 2** ————

새로운 시대의 목회,
이렇게 준비하라

서문

코로나의
위기 앞에서

"그때 당신이 어디에서 무엇을 하고 있었는지 기억하는가?"

역사적인 사건들에 관해 이야기하는 자리에서 자주 듣는 질문이다. 큰 사건이나 비극적인 사건에 관한 이야기가 오갈 때면 우리는 그 사건이 일어났을 때 우리가 어디에서 무엇을 하고 있었는지를 기억하고 싶어 한다. 나는 인류의 달 착륙, 베를린 장벽 붕괴, 시카고 컵스(Chicago Cubs)의 월드 시리즈 우승 같은 역사적인 성취뿐 아니라, 각각 약 20년 간격으로 흩어져 있는 네 가지 큰 비극을 겪을 만큼 오랜 시간을 살았다.

케네디 암살, 챌린저 폭발 사고, 9 · 11 테러

당시 나는 겨우 3학년이었지만 1963년 11월 22일을 평생 잊지 못할 것이다. 그날 선생님은 평소와 달리 잔뜩 흥분한 어조로 말씀하셨다. "여러분, 지금부터 선생님이 하는 말을 잘 들어요. 이 순간을 평생 기억하세요. 오늘 케네디(Kennedy) 대통령께서 총을 맞고 돌아가셨어요. 대통령께서 암살을 당하셨어요."

여덟 살 아이들은 하나같이 충격에 휩싸였다. 그날부터 나는 케네디 암살 사건에 푹 빠졌다. 나는 그 사건에 관한 나름의 이론들을 세웠다. 당시 내가 가장 아끼던 수집품 중의 상당수는 그 슬픈 날과 관련있는 것들이었다.

그 뒤, 20년이 지났을 때의 일이다. 당시의 나는 가족을 부양하기 위해 일주일에 30시간을 은행에서 일하는 신학생이었다. 1986년 1월 28일, 은행 로비에 서서 텔레비전으로 우주왕복선 '챌린저'(Challenger)호 발사 장면을 지켜본 기억이 지금도 생생하다. '챌린저'호 우주왕복선이 케이프 커내버럴(Cape Canaveral)에서 하늘로 날아올랐다. 하지만 1분도 채 되지 않아 '챌린저'호는 불덩이로 변하며 폭발했다. 그 충격적인 광경을 보며 혼란스러워했던 기억이 난다.

'챌린저'호가 파괴되었다는 현실을 온전히 인식하기까

지는 약 30분이 걸렸다. 우주에 간 최초의 교사가 될 뻔한 크리스타 매콜리프(Christa McAuliffe)를 포함한 7명의 목숨이 순식간에 사라졌다.

'챌린저'호 폭발 사고 이후 15년이 지나 비극적인 9·11 테러가 발생했다. 당시 나는 신학교의 학장이었다. 2001년의 그날 아침, 나는 예배당에 가는 도중 비행기 두 대가 뉴욕 시 세계무역센터의 쌍둥이 빌딩에 충돌했다는 소식을 들었다. 예배가 끝난 후 뉴스를 통해 쌍둥이 빌딩이 무너졌음을 알았다. 하지만 그때는 사고의 원인을 알지 못했다.

네 번째 재난,
코로나 확산

20년이 더 흘렀다. 코로나 바이러스 글로벌 팬데믹이 발생해 세계 각국이 봉쇄 조치에 돌입했다. '2019-nCoV'와 '2019 신종 코로나 바이러스'(2019 novel coronavirus) 같은 복잡한 이름은 두 달 만에 '코로나19'(Covid-19) 혹은 그냥 '코로나바이러스'(the Virus)로 정리되었다.

나는 일생 동안 역사 속에 흩어진 비극적이며 평생 잊지 못할 죽음을 낳은 네 개의 재난을 모두 경험했다.

그런데 이 마지막 네 번째 비극에는 이전과는 다른 점이 있다. 내가 코로나19라는 말을 처음 들었을 때 어디서 무엇을 하고 있었는지 기억이 나지 않는다는 점이다. 이전의 참사들은 특정한 날에 일어났지만, 코로나 바이러스에 관해서는 산발적으로 소식이 들려왔다. 대통령 암살이나 우주선 폭발, 비행기 충돌 같은 일회적인 사건은 없었다. 그냥 바이러스가 온 세상에 퍼지면서 점점 관심이 쏠렸다.

코로나 바이러스는 2020년 1월에 미국에 들어온 것으로 보인다. 어느 날 중국과 이탈리아 등에서 사람들이 죽어간다는 소식이 들리기 시작했다. 하지만 당장 미국에는 별 일이 없었기 때문에 아무도 큰 관심을 기울이지 않았다. 미국에서 알려진 첫 코로나 사망자는 조금 더 뒤에 발생했다.

이 외에도 몇 가지 차이점을 발견했다. 처음 세 가지 사건이 일어났을 때는 사람들이 교회로 몰려왔다. 하지만 네 번째 사건이 일어났을 때는 교회가 문을 닫아야만 했다. 그리고 알다시피 처음 세 가지 사건은 끝이 났지만, 네 번째 사건은 그 누구도 끝을 알지 못한다.

2020년 1월 31일 트럼프(Trump) 정부가 공중 보건 위기를 선포했던 것이 겨우 기억날 뿐이다. 하지만 폐쇄 조치는 확실히 기억이 난다. 또렷이 기억난다.

브레이크 없는 코로나 확산,
폐쇄된 교회

역사가들은 여러 관점에서 2020년의 팬데믹을 기록할 것이다. 어떤 이들은 수많은 죽음과 의료 시설과 건강 문제에 주목할 것이다. 병원과 요양소가 부족해진 현실을 지적할 것이다. 확진자 숫자와 사망자 숫자, 완치자 숫자를 전쟁 보고서처럼 매일 보도하는 뉴스들을 기억할 것이다.

당연히 경제적 관점에서도 역사에 기록될 것이다. 수많은 기업과 자영업자들이 임시 휴업을 해야만 했다. 아예 문을 닫은 업체들도 부지기수다. 사람들로 북적이던 거리와 쇼핑몰과 영화관이 텅텅 비었다. 실직률이 천정부지로 치솟고 있다. 쏟아지는 정부 보조금에 어떤 이들은 웃고 어떤 이들은 분통을 터뜨리고 있다. 주가는 폭락했다가 회복되었지만 다시 예측할 수 없는 상황으로 흐르고 있다.

감정적, 정신적 피해를 제대로 평가하기 위해서는 수년이 걸릴 것이다. 하지만 분명 역사학자, 심리학자, 상담자, 언론에서는 이것에 관심을 가질 것이다. 아직 우리는 피해의 규모를 완전히 파악하지 못했다. 아마 코로나가 인류에 미친 악영향은 우리의 상상을 초월할 것이다.

나는 블로그와 온라인 세미나와 교회 컨설팅을 통해 수많은 교회 리더들이 이 상황을 헤쳐 나가도록 돕고 있다. 나는 많은 리더들을 직접적으로 코치했고, 강연이나 책을 통해 도움을 받은 리더들도 거의 1백만 명을 헤아린다. 나는 대면 예배가 처음 금지되었을 때의 혼란과 분노를 목격했다. 그로 인한 안타까운 결과들도 똑똑히 보았다.

교회 폐쇄 초기에는 주로 재정과 헌금 문제로 교회 리더들을 상담했다. 이러한 교회들의 재정은 주로 헌금에서

채워지고 있었다. 그런데 대면 예배가 중단되면서 헌금도 줄어들었다. 헌금이 없으니 교회를 운영할 자금줄이 끊겼다. 당연히 교회 리더들은 걱정이 이만저만이 아니었다.

나는 "공포에 질렸다"라는 표현을 쓰려다 말았다. 아직 그 정도는 아니라고 생각했기 때문이다. 몇몇 예외를 제외하면 두려움보다 믿음이 더 많았다. 공포보다 인내가 더 많았다. 이 교회 리더들은 하나님이 어디로 이끄시든지 믿고 따라갈 준비가 되어 있었다. 하지만 힘든 것은 사실이었다. 하나님이 자신들을 어디로 이끌고 가시는지 도무지 몰라서 어렵고 힘들었다. 사실, 이것이 믿음의 본질이다.

교회와 목회자를 컨설팅으로 돕는 우리 처치앤서즈 (Church Answers) 팀에서는 먼저 폐쇄 조치에 따른 새로운 현실에 맞게 최대한 많은 교인들이 온라인 헌금을 할 수 있도록 돕는 데 초점을 맞추었다. 최신 기술에 밝고 관계 능력이 뛰어난 젊은 교인들이 디지털 세상을 두려워하는 노인들을 일대일로 돕도록 했다. 아울러 목사를 비롯한 교회 리더들이 현 재정 상태를 파악하고 지출을 계획하도록 했다. 어떤 지출을 미룰 수 있는가? 어떤 예산을 삭감할 수 있는가? 무엇을 다른 방식으로 할 수 있는가? 어떤 프로세스를 개선할 수 있는가? 등을 고민하게 했다.

며칠 만에 우리는 이 교회들이 예배를 온라인 형식으로 전환하도록 돕기 시작했다. 이 교회들의 교인과 리더들이 얼마나 열정적이고 창의적인지 놀라울 정도였다. 온라인 예배로 전환하는 과정에서 처음에는 어려움도 있었지만 나날이 개선되었다. 리더들과 교인들은 무엇인가 변하고 있으며, 그 모든 변화가 나쁜 것이 아니라는 사실을 인식하기 시작했다. 이 점에 관해서는 나중에 자세히 살펴보자.

코로나 이전으로
돌아갈 수 없다

폐쇄 기간 동안 목회 돌봄과 지역 사회 섬김에 관한 많은 질문과 자문을 받을 것이라 예상했다. 이번에도 이 리더와 교인들은 남다른 추진력과 혁신으로 나를 놀라게 했다. 그들은 폐쇄 조치로 인한 제약 속에서도 어떻게든 목회할 방법을 찾아내기 위해 애를 썼다. 그 결과, 초점이 교회 내부에서 외부로 향하게 되었고, 오히려 전보다 더 많은 목회의 기회가 생겨났다. 최소한 주변 사회를 섬기는 일에서는 팬데믹이 긍정적인 경종 역할을 한 것이다.

폐쇄 기간이 영원할 것처럼 느껴졌지만 오래지나지 않아 교회 리더들은 대면 예배로 돌아갈 때에 어떻게 대처할 것인가를 생각하기 시작했다. 주된 관심사는 '언제' 교회 문을 열어야 하느냐가 아니었다. 문을 여는 시점은 지역과 주마다 다르기 때문이다. 교회 리더들은 '어떻게' 문을 열어야 하는지를 물었다. 예배 중에 어떻게 사회적 거리두기를 유지해야 할까? 예배 횟수를 늘려야 할까? 찬양 시간에 바이러스가 퍼지지는 않을까? 교회에 가고 싶어 속을 태우는 사람도 있고, 꺼려하는 사람도 있는 상황에서 어떻게 점진적으로 대면 예배로 돌아가야 할까? 주일학교는 어떻게 해야 할까? 예배 시간을 줄여야 할까?

고려해야 할 점이 한두 가지가 아니었다. 폐쇄 기간에 발생한 문제들을 다루는 것보다 교회들이 폐쇄 이후에 대면 예배로 돌아가도록 돕는 데 더 많은 시간과 노력이 소요

되었다. 흥분과 우려가 뒤섞여 있었다. 교회 리더와 교인들은 하루라도 빨리 다시 모이기를 원했지만, 동시에 교회에 해가 되는 어떤 행동도 하고 싶지 않았다.

우리 팀이 교회들이 폐쇄 해제 이후를 준비하도록 돕기 시작할 때 한 목사와 나누었던 대화가 기억난다. 그는 어서 빨리 코로나 이전으로 돌아가기를 기대하고 있었다. 그때 나는 폐쇄 조치 이전의 모습으로는 돌아갈 일이 없을 것 같다고 말했다. 그 순간 그의 표정은 절망이었다. 마치 내게 기쁨을 빼앗긴 것 같은 표정이었다. 그의 태도가 순식간에 바뀌었다. 그때부터 그는 나와 거의 눈을 마주치지 않았다.

"무슨 뜻이죠?" 그가 풀이 죽은 목소리로 물었다.

나도 그의 들뜬 기분에 찬물을 끼얹고 싶지는 않았지만 그가 더 이상 존재하지 않는 세상을 상상하며 전혀 준비되지 않은 채로 새로운 세상으로 들어가게 둘 수는 없었다.

당장은 충격을 겪더라도 그와 그의 교회가 폐쇄 해제 이후의 시대를 준비하도록 돕고 싶었다.

준비 없이는

새로운 목회 세상을 대할 수 없다

나는 대학 미식축구 팬인지라 스포츠전문 케이블 방송에서 컬리지게임데이(College GameDay) 방송을 즐겨 본다. 내가 가장 좋아하는 표현 중 하나는 무적의 스포츠 방송인 리코르소(Lee Corso)가 선수들의 플레이가 마음에 들지 않을 때마다 하는 말이다. "이봐, 너무 서둘지 마!"(Not So Fast, My Friend!)

지금까지 나는 폐쇄 해제 이후의 새로운 일상이 팬데믹 이전의 일상과 비슷할 것이라고 기대하는 교회 리더들에게 이 표현을 사용하고 싶은 유혹을 참아왔다. 하지만 이제는 말해야 할 것 같다. 코로나 이전과 이후는 크게 다를 것이며, 새로운 시대가 어떤 모습일지에 대한 파악을 시작하게 되기까지도 꽤 많은 시간이 걸릴 것이다. 그러니 너무 서둘러 행동하지 말기를 바란다!

나와 우리 팀이 지난 몇 달간 배운 것들을 나누고 싶다. 우리는 대면 예배를 시작한 여러 교회를 도왔다. 물론 어려움도 있었지만 그보다 훨씬 더 많은 기회가 있었다. 우리는 매주 수많은 교회 리더와 교인들에게서 상황을 들을 수 있었다. 우리가 모든 답을 알지는 못하지만 많은 질문을 던졌고, 꽤 많은 정보를 얻을 수 있었다.

일단 간단한 조언을 하자면, 기대와 용기를 가지라는 것이다. 어떻게 될지 모른다고 무조건 두려워할 필요는 없다. 우리는 이 새로운 시대 속으로 혼자 들어가는 것이 아니다. 하나님께서 우리와 '함께'하실 뿐 아니라 이 길을 우리보다 '먼저' 가셨다.

나와 함께 이 책을 읽는 동안 낙관하고 힘을 낼 이유를 발견하게 되기를 바란다. 내가 어두움 가운데서도 희망을 품는 이유는 두 가지이다. 첫째, 가장 중요한 사실은 이 모든 것(팬데믹, 폐쇄 조치, 폐쇄 해제 이후 시대)이 하나님께는 전혀 뜻밖이 아니라는 것이다. 하나님은 이미 계획을 세우고 그분의 교회를 기다리고 계신다.

둘째, 이 변화의 시기에 이미 너무도 훌륭하게 적응하고 있는 교회들이 존재한다는 사실이다. 많은 목사와 교역자, 여타 리더들과 교인들에게서 비슷한 말을 들을 수 있었다. 그들은 예전과 같을 것이라는 생각으로 폐쇄 해제 이후 시대를 맞이하고 있지 않다. 그들에게는 팬데믹은 전에 없는 강한 경종이었다. 폐쇄 해제 이후 시대는 기독교가 꼭 필요한 변화를 이끌어 낼 좋은 기회다.

자, 여행을 시작할 준비를 하라. 내가 볼 때 교회는 수십 년, 어쩌면 수백 년 만에 가장 흥미진진한 시대에 접어들었다. 앞으로 가야 할 길이 쉽지 않겠지만 분명 놀라운 기적과 기회들이 준비되어 있을 것이다. 소망과 약속과 열정을 품고서 이 새로운 가능성의 시대 속으로 뛰어들기를 주저하지 말라. 대면 예배를 재개한 교회를 위한 새로운 기회들을 함께 찾아보자.

<<<

PART 1

코로나가
바꾼 교회,
그리고 도전들

chapter 1

도전 1
교회 폐쇄

목회를 새롭게
재정비할 시간이다

어린 시절 주일학교에서 손을 가지고 하던 간단한 교회의 모습 설명 게임을 기억하는가? (방법은 다음과 같다. 기도하는 손을 만들 때와는 반대로, 손가락이 손바닥을 향할 수 있도록 손가락 깍지를 끼라. 그리고 두 번째 손가락, 곧 검지를 마주 세워 종탑 모양을 만들고, 엄지를 서로 붙여 검지 아래 틈을 없게 만들라─ 편집자 주)

"이 손은 교회야. 검지는 종탑, 엄지는 문이야. 엄지 문을 열면 교회 안의 손가락인 사람들이 보여."

이때 엄지 문을 열면 보이는 손가락은 교회 안에 있는 사람들을 의미한다. 자녀나 손자들에게 교회의 모습을 설명할 때 이 손가락 교회를 보여 주면 꽤 재미있어 한다.

하지만 이 게임은 현실과 맞지 않다고 주장하는 사람들이 많다. 신학자들은 교회 건물이 교회가 아니라고 말한다. 심지어 "교회에 간다"라는 말을 사용하지 말아야 한다는 이들도 있다. 그들은 사람들이 교회에 가는 것이 아니라 사람들이 곧 교회라고 강력하게 주장한다. 그들은 다른 버전의 손가락 게임을 선호한다. 그것은 손가락을 기도하는 손을 만들 때처럼 '바깥쪽으로' 교차시킨 후, 검지를 세워 탑을 만들고 엄지로 문을 만든다. 그리고 엄지 문을 열며 텅 빈 손 안을 보며 "다들 어디를 갔지?"라고 말한다. 그러고 나서 한숨을 내쉰다.

이 말은 맞다. 교회는 건물이 아니고 건물은 교회가 아니다. 하지만 교회 시설은 분명 사람들이 모이는 장소이다. 교회 시설은 전통적인 교회 건물만을 말하지 않는다. 우리들의 집도 교회가 될 수 있다. 숲도 교회가 될 수 있다. 어떤 형태든 교회 시설은 교인들이 모이는 장소이다.

히브리서 기자는 교인들이 서로를 격려하고 독려하기를 원했다. 그의 서신서에 이런 바람과 소망이 분명히 드러난다. "서로 돌아보아 사랑과 선행을 격려하며"(히 10:24). 그렇다면 어떻게 해야 하는가? 다음 구절을 보자. "모이기를 폐하는 어떤 사람들의 습관과 같이 하지 말고 오직 권하여 그날이 가까움을 볼수록 더욱 그리하자"(히 10:25).

그렇다. 우리는 함께 모일 때 서로를 격려할 수 있다. 그래서 성도들이 모인 교회가 중요하다. 실제로 폐쇄 기간에 우리는 대면 예배로 함께 모이는 교회를 무척 갈망했다.

하지만 동시에 폐쇄 기간은 우리에게 반성할 기회가 되었다. 교회 리더들은 모이는 교회로 돌아갈 계획을 세우면서 중요한 질문들을 던지기 시작했다. 우리가 청지기로서 교회 시설을 잘 사용하고 있는가? 이제 과거와 무엇을 다르게 해야 할까? 어떤 부분을 개선해야 할까?

많은 교회 리더가 폐쇄 해제 이후 기간을 이런 질문을 던져야 할 시기로 보고 있다. 그리고 많은 리더가 지금과 방식을 달리 하기로 결심하고 있다.

사역이 아닌
사명

오래전 에릭 게이거(Eric Geiger)와 함께 《단순한 교회》(*Simple Church*)를 쓸 때 우리는 교회들에 분명한 제자화 계획이 필요하다는 판단을 내렸다. 에릭의 조사 결과, 이미 많은 교회가 그런 계획을 세우고 비전 선언문을 통해 제자화 프로그램을 명시하고 있다는 사실이 드러났다.

그런데 이 책에 대한 반응은 우리의 예상을 훨씬 뛰어넘었다. 특히 한 영역에서의 반응이 폭발적이었다. 우리는 단순한 교회가 되기 위한 열쇠 중 하나를 다음과 같이 말했다. 교회의 사명은 핵심적인 부분들에 집중하고, 가능하면 나머지 모든 것을 제거하라는 것이다.

그 뒤로 '집중'과 '제거'라는 두 단어는 많은 교회 리더의 슬로건이 되었다. 어떤 리더들은 지혜를 발휘해서 큰 갈등을 만들지 않으면서 불필요한 활동들을 제거했다. 그런가 하면 지혜롭지 못한 리더들도 있었다. 그들은 도끼를 무분별하게 휘둘러 효율성보다 분열만 일으켰다. 하지만 우리의 진단만큼은 옳았다. 교회들은 교회의 사명에 핵심적이지 않은 일을 너무 많이 하고 있었다.

교회 시설은 바쁜 활동의 중심지가 되었다. 많은 교회가 예배, 소그룹 활동, 사역, 프로그램, 행사를 위해 교회에 찾아오는 사람들의 숫자로 교회의 건강을 평가했다. 우리는 교회 건물에 오고가는 사람이 많은 것이 활력과 건강의 증거라고 착각했다.

꽉 찬 교회 달력은 의도하지 않은 많은 결과를 낳았다. 예를 들어, 적지 않은 교인이 '교회에 가느라' 바쁜 나머지 지역 사회에서의 역할을 하지 못하고 있다. 교회 활동에 가장 적극적으로 참여하는 교인들이 대개 전도를 가장 적게 하는 교인들이었다. 그들은 바깥세상보다 교회 건물 안에서 너무 많은 시간을 보내고 있었다.

가정들도 흔들리고 있다. 교회 활동이 끝없이 이어지는 바람에 가족들에게 충분한 시간을 투자하지 못하는 부모들이 많다. 부모들이 바쁜 원인은 교회만이 아니었다. 하지만 교회가 많은 요인 중 하나인 것은 분명했다.

교회는 교회대로 봉사자들을 모집하기 힘든 상황이 되었다. 교인들이 너무 바쁜 생활을 하고 있었다. 도무지 다른 활동에 손을 보탤 여력이 없다.

그런데 이제 우리 앞에 새로운 기회가 놓여 있다. 우리는 교회가 매일 건물을 사용하지 않고도 생존하고 나아가 성장할 수 있다는 사실을 확인했다. 물론 얼굴을 맞대고 모이는 것이 중요하지만, 폐쇄 해제 이후에 교회 시설을 더 효과적이고도 아름답게 사용할 기회가 눈앞에 펼쳐졌다.

이 짧은 장 안에서 교회가 더 좋게, 더 효과적으로 모일 수 있는 방법을 다 정리할 수는 없다. 하지만 이 논의가 당신의 창의력을 자극했으면 하는 바람이다.

지역 주민들이
교회에서 모일 때

우리 팀은 10년 가까이 조금씩, 하지만 분명하게 쇠락해 온 한 교회를 컨설팅한 적이 있다. 이 교회는 외부의 객관적인 판단을 원했다. 이 교회가 있는 지역은 인구수가 상당했다. 교회 시설도 매우 훌륭했고, 재정적으로도 건전했다. 교회 안에 특별한 갈등이나 분쟁도 없었다. 이런 교회가 무슨 문제가 있을까?

우리는 언제나처럼 디지털과 서면을 포함한 교회의 모든 문서를 요청했다. 그중 한 문서가 특히 눈에 띄었다. 제목은 '교회 시설 사용을 위한 정책과 절차'였다. 무려 64쪽에 달하는 방대한 분량이었다. 농담이 아니다!

이 두툼한 규정집을 검토하다 보니 한 가지 사실이 더 없이 분명해졌다. 이 문서에 담긴 내용은 하나같이 지역 주민들을 교회에서 '멀어지게' 만드는 법이었다.

물론 교회 시설 사용에 관한 규정은 분명 필요하다. 하지만 이 규정집은 너무 심했다. 이 문서는 교회의 초점이 내부로만 향하고 있다는 분명한 증거였다. 외부인들을 위한 규칙과 규제가 너무나 많았다. 이 규정집은 외부인들에게 분명한 메시지를 던지고 있었다. "우리는 당신을 환영하지 않습니다."

이 사고를 완전히 뒤바꾸면 어떨까? 교회 시설을 지역 사회에 다가가기 위한 도구로 본다면, 어떤 일이 벌어질까? 지역 주민들을 멀리하기보다는 그들이 가까이 다가오게 만들 방법들을 고민해 보면 어떨까?

이는 많은 교회가 전혀 접해 보지 못한 생소한 개념이다. 이 새로운 시대에 맞게 우리의 시각을 조정해야 할 필요가 있다. 우리의 시설 사용에 관해 재고해야 할 때다. 너무 오랫동안 교회 시설은 주로 '교인들'을 위해서만 사용되었다. 건물을 새로 지으면 지역 사회를 위해 사용하겠다고 대대적으로 선전하지만 언제나 공허한 약속일 뿐이었다. 뚜껑을 열어 보면 새로운 시설도 결국 교인들만을 위한 시설이었다.

우리가 지역 전체의 시각에서 교회 시설을 보면 어떨까? 존 마크 클리프턴(John Mark Clifton)은 캔자스시티 워널로드침례교회(Wornall Road Baptist) 목사 시절에 관한 이야기를 전해 준다. 그 교회는 문을 닫기 직전까지 이르렀다. 그 교회는 그 지역에 맞지 않는 곳으로 전락했었다.

남은 소수의 교인들도 희망을 버린 지 오래였다. 방치된 거대한 시설은 몇몇 충성스러운 교인들만으로 유지하기에는 힘겨웠다. 그래서 새로 부임한 목사가 교회 시설을 지역 주민들을 위해 사용하자고 하자 대다수는 순진한 생각이거나 농담 정도로 받아들였다. 지역 주민들이 교회를 사용할 수 있으려면 보수가 필요한데, 교회 공과금도 제대로 내지 못하는 상황에 수천 달러를 마련하는 것은 무리였기 때문이었다.

하지만 목사는 페인트 몇 통과 몇몇 자원 봉사자들의 도움으로 일을 시작했다. 한 곳을 밝고 다채로운 색깔로 칠

한 뒤에 '생일 파티방'이라고 명명했다. 그러고 나서 동네에 광고지를 돌렸다. 그 내용은 동네 아이들에게 생일 파티를 할 수 있는 공간을 무료로 제공한다는 것이었다. 게다가 교인들이 파티를 도울 도우미로 나섰다. 주민들이 할 일은 그저 예약을 하고 약속한 시간에 아이들과 함께 오는 것뿐이었다. 그 결과는 놀라웠다. 그 지역의 가족들에게만 도움이 된 것이 아니라 그 교회에도 매우 긍정적인 변화들이 나타났다.

대부분의 교회들은 잘 계획된 정기적인 행사에 지역 주민들을 초청한다. 예를 들어, 성탄절 뮤지컬, 부활절 발표, 아동 콘서트 같은 행사에만 사람들을 부른다. 물론 이런 행사는 잘못된 것이 아니다. 하지만 우리가 무엇인가 다른 것을 시도해 보면 어떨까? 교회 시설을 어떻게 사용하면 좋을지에 관해서 지역 주민들에게 질문해 보면 어떨까? 교회 건물의 목적을 근본적으로 바꾸면 어떨까? 교회 시설이 지역 사회를 '위한' 장소일 뿐 아니라 지역 사회 '안'의 장소가 되면 어떨까?

폐쇄 기간 동안 많은 교회 리더와 교인들은 시설이 없

이도 교회는 여전히 교회라는 점을 깨달았다. 물론 우리는 빨리 대면 예배로 돌아가 그리스도 안에서 형제자매와 함께하고 싶었다. 하지만 우리는 건물에 의존하지 않고서도 교회로서 많은 사역을 할 수 있다는 사실을 발견했다. 디지털 세상은 교회가 시도는커녕 생각하지도 못했던 기회의 문들을 열어 주었다.

수많은 교회가 시설이 필수사항보다는 도구에 가깝다는 사실을 깨달은 듯하다. 이제 우리가 이 도구를 사용하여 지역 사회를 섬기면 어떨까?

최근 나는 지역 사회를 더 잘 섬기기 위해 변화를 꾀한 조지아 주의 한 교회를 다녀왔다. 거대한 건물의 절반이 지역 사회를 위해 사용되고 있었다. 한 구역은 거대한 경찰관 쉼터로 조성했다. 또 다른 구역은 의료 센터로 사용하고 있었다. 수많은 세탁기와 건조기를 갖춘 건물은 지역 주민들이 무료로 사용할 수 있도록 개방했다. 특정 시간대에는 그 건물에서 아이 돌봄 서비스를 제공했다.

다른 지역의 또 다른 교회는 지역 업체들과 협력할 방안을 찾기 시작했다. 지역 주민들이 무료 와이파이를 이용할 수 있는 공간은 이미 갖추어져 있었다. 하지만 그 교회는 그 이상을 원했다. 그러던 중에 샌드위치 가게와 식당들을 유치한 교회들과, 부설 유치원을 세우는 대신 부근의 한 사립 유치원에 시설을 대여한 교회에 관해 듣게 되었다. 이에 그 교회는 창의적인 방안을 고민하기 시작했다. 이 교회가 곧 지역 주민들을 끌어들이는 자석이 되리라 확신한다.

인구가 적은 곳에 위치해서 사방 50킬로 이내로 커뮤니티센터 비슷한 것도 없는 한 시골 교회의 리더들은 이제 예배당과 교제실을 지역 사회를 위해 사용할 구상을 하고 있다. 그들은 그 지역의 한 작은 학교에 행사를 열 만한 공간이 없다는 사실을 알게 되었다. 하지만 그 교회의 예배당은 약 2백 명을 유치할 수 있는 크기였다. 지역과 학교의 행사를 열기에 이상적이었다.

그림이 그려지는가? 한동안 건물 없이 교회 활동을 하는 것에 익숙해지다 보니 이제 우리는 교회 시설을 다른 시각에서 볼 수 있게 되었다. 이제 우리는 교회 시설을 교인들만을 위한 보금자리가 아닌 아웃리치를 위한 도구로 보기 시작했다.

전 세계적으로 교회는 수십억 달러 가치의 부동산과 시설을 소유하고 있다. 하나님은 좋은 청지기가 되라고 이런 자산을 우리에게 공급해 주셨다. 그런데 대부분의 교회 시설은 매주 많은 시간 동안 사용되지 않고 있다. 이제 우리의 시설에 관하여 다시 생각해야 할 때다. 지역 사회를 향해 교회 시설의 문을 열어야 할 때다.

새로운 마음가짐의 시작, 표지를 확인하라

나는 수많은 교회의 컨설팅을 이끌거나 컨설팅에 참여해왔다. 우리 컨설팅 팀이 현장에서 가장 먼저 하는 것 중 하나는 교회 시설을 돌아보는 것이다. 우리는 주차장을 둘러보고 예배당 수용 능력을 간단히 점검한다. 아이들이 활동하는 공간이 안전하고 위생적인지도 살핀다. 교통량과 유동 인구에 관해서도 묻는다.

많은 점검 사항 중 하나는 교회 건물 안과 주변의 표

지들이다. 주차장으로 들어가는 안내 표지가 잘 되어 있는가? 방문객들이 출입구를 쉽게 발견할 수 있는가? 화장실이 알아보기 쉽게 표시되어 있는가? 처음 방문한 젊은 부모들이 아이를 어디로 데려가야 할지 쉽게 알 수 있는가?

오랫동안 교회들은 암묵적으로, 때로는 노골적으로 '비환영 표지'를 세웠다. 이는 교인과 방문객(주로 방문객)에게 무엇을 하지 '말라'고 경고하는 표지를 세웠다. 예를 들어, 성전에 커피를 들고 들어가지 말라. 예배 시작 15분 후에는 입장이 불가하다. 주차장에서 배회하지 말라. 스케이트 보드 사용은 금물이다. 무슨 말인지 알 것이다.

물론 이런 표지 중 일부는 안전과 법적 책임의 문제로 마련된 것이지만, 대부분은 외부인들이 교회 시설을 훼손하지 않도록 막기 위해서 마련된 것이다. 그렇다 해도 이런 표지는 내부 지향적인 교회의 외적인 증거이다. 교회 시설은 교인들만을 위한 안식처이기 때문에 종교적인 모임 혹은 그 안의 어떤 것도 훼방하지 말라는 뜻이다.

폐쇄 해제 이후의 교회는 새로운 기회를 맞이하였다.

하나님이 교회 시설을 새로운 시각에서 볼 길을 열어 주셨기 때문이다. 우리는 반드시 수백만 달러짜리 교회 시설을 갖출 필요가 없다는 사실을 깨달았다. 하지만 만약 그런 시설을 이미 갖추었다면, 하나님께서는 우리가 그 시설을 지역 사회를 위해 사용하기를 원하신다.

물론 그러기 위해서는 시설을 좀 더 자주 청소하고 페인트칠도 새로 해야 할 것이다. 하지만 생명을 살리는 예수 그리스도의 복음을 주변 모든 사람에게 전할 수 있다면 그 정도는 전혀 큰 대가가 아닐 것이다.

디지털 세상으로
뛰어들다

버지니아 주의 한 목사와 나누었던 대화는 나로 하여금 많은 것을 깨닫게 했다. 팬데믹 이전에 그의 교회는 온라인으로 예배 방송을 송출한 적이 없었다. 여느 리더들처럼 그도 역시 필요에 의해서 디지털 세상으로 뛰어들었다. 그는 내게 이렇게 말했다. "직접 만날 수 없으니 가상공간에서 만나야 했습니다. 하지만 우리 교회는 그리 큰 교회가 아닙니다. 온라인 예배 방송 같은 것은 시도해 본 적이 없습니다. 그래서 신속하게 배워야 했습니다. 처음에는 버거웠지만 꽤 빨리 적응했습니다."

폐쇄 초기에 여느 목사와 교회 리더들은 영상 조회수에 열광했지만 버지니아 주의 이 목사는 시큰둥했다. "사람들이 우리의 영상을 2-3초 본 것이 무슨 대수인가 싶었습니다. 그냥 지나가는 유행처럼 보였습니다."

그와의 대화에서 내 관심을 끈 것은 온라인 방송에 대한 완전히 다른 시각이었다. 적어도 대부분의 목회자들과는 판이하게 달랐다. "다른 목사님들은 조회수에 열광했지만 저는 다른 현상에 주목했습니다. 우리 교인들이 예배 방송을 시청한 날이나 시간이 천차만별이라는 점에 주목했습니다. 저희 지역의 다른 사람들에게 물어봐도 역시나 시간대가 모두 달랐습니다."

갑자기 그의 눈빛이 반짝거리고 얼굴에서는 열정이 한껏 묻어나왔다. "그것이 제게는 정말 중요한 교훈이었습니다. 사람들은 각기 다른 날과 다른 시간에 우리 예배에 '참석하고' 있었습니다. 코로나19 이전에는 주일 아침에 2부 예배를 만들어야 할 것인지 고민했습니다. 하지만 지금은 아닙니다. 우리는 나름대로 커다란 이 시설을 일주일에 이틀을 제외하고 사용하지 않고 있습니다. 사람들이 온라인으로 각기 다른 시간에 우리 방송을 본다면 대면 예배에 참석하고 싶은 요일도 각기 다르지 않을까요?"

이 목사는 여러 가능성을 열어 놓고 화요일 밤을 시험해 보았다. 지금까지의 결과는 고무적이다. 그는 미국 노동 인구의 거의 3분의 1이 주일에 일한다는 우리 팀의 분석 결과를 듣고서 그들에게 다가갈 계획을 세우고 있다. 교회 시설에 관한 생각을 바꿔 놓은 팬데믹이 아니었다면 그는 평생 그 방향으로 가지 않았을지도 모른다.

한 장소의
두(혹은 그 이상의) 교회

지난 20년 사이에 멀티 교회들이 급격히 증가했다. 이 운동의 초기에 이 교회들은 스스로를 "한 교회, 두 장소"로 표현했다. 이 현상은 점점 가속화되어가기만 했다. 한때 멀티 운동은 대형 교회들만의 영역이었다. 하지만 요즘은 크기와 상관없이 다양한 교회가 한 장소 이상을 가지고 있다.

우리 팀의 멤버에게서 들은 이야기이다. 우리들은 '처치앤서즈센트럴'(Church Answers Central)이라는 온라인 토론장에서 자주 대화를 나눈다. 어느 날 한 명의 교회 개척자가 이렇게 자신의 상황을 토로했다. "교회 문을 다시 열 시기에 관한 이야기를 나누는 중이었습니다. 저는 우리 교회가 개척해서 얼마 되지 않아 어느 중학교에서 모이고 있었습니다. 그런데 코로나 상황으로 교회를 다시 여는 것이 불투명하게 되었어요. 학교가 빠른 시간 안에 문을 열어 줄 가능성이 별로 없었거든요."

그러자 온라인 대화에 참여한 한 목사가 이 교회 개척

자가 자신과 같은 지역에 있다는 사실을 알게 되었다. "그런데 놀라운 일이 일어났습니다. 그 목사님이 저한테 문자 메시지를 보내면서 우리의 대화가 시작되었죠. 몇 번 전화 통화를 한 끝에 목사님이 자신의 교회 시설을 함께 사용할 생각이 없는지 물었어요. 현재 우리는 그 교회에서 주일 오후에 모이고 있답니다. 더 나은 방법을 찾을 때까지는 이렇게 운영하려고 합니다. 사실, 이 목사님과 이야기를 나누기 전까지는 '아무런' 방법이 없었죠."

교회 폐쇄는 큰 난관이었다. 하지만 축복이기도 했다. 이 과정을 통해 목사를 비롯한 교회 리더들이 교회가 모이는 시간을 새로운 시각으로 보기 시작했다. 아울러 자신들의 시설도 새로운 시각으로 보기 시작했다. 폐쇄 해제 이후의 시대는 교회의 시설 사용에 관한 놀라운 실험과 혁신의 시대가 될 것이 분명하다. 최소한 우리는 많은 교회가 교회 시설을 지역 사회와 연결되기 위한 수단으로 사용하기 위한 노력을 더 적극적으로 하게 될 것이라고 확신한다. 건물이 교회가 아니라 유용한 도구라는 사실을 점점 더 많은 교회가 깊이 인식하기를 바란다.

우리는 많은 교회가 학교, 사업체, 관공서에게 시설의 문을 열어 주기를 소망한다. 작은 마을에서는 교회 시설 외에 커뮤니티 센터로 활용할 만한 공간이 없다. 우리는 많은 교회가 새로운 시간, 혁신적인 시간에 예배 모임을 열게 되기를 바란다. 많은 교회가 충성스러운 청지기 정신에 맞지 않는 낡은 패러다임에 벗어나기를 기대한다.

여러 교회가 한 시설에서 모이는 일이 많아지기를 기대한다. 일정과 공간의 측면에서 자신의 시설을 다른 교회들과 나눌 수 있는 여력이 되는 교회가 꽤 많다. 교회들은 한동안 모이지 못한 덕분에 예전과 다르면서도 더 효과적으로 모일 방법을 배워가고 있다. 그 결과, 교회와 지역 사회 모두 더 좋아질 것이다.

chapter 2

도전 2
비대면 예배

교회,
디지털 세상에
뛰어들다

코로나19 팬데믹은 여러 가지 이유로 역사적인 분기점이 되었다. 치명적인 바이러스가 온 세상을 휩쓸었다는 사실만으로도 충분한 이유가 된다. 스페인 독감으로 불리던 1918년 인플루엔자가 전 세계를 휩쓴 이후로 전염병이 이토록 광범위하게 퍼진 적은 없었다.

우리 모두는 코로나19가 세상에 미친 피해들을 잘 알고 있다. 수백만 명이 감염되었고, 수많은 사람이 목숨을 잃었다. 세계 경제가 멈추었다. 수많은 사업체가 극심한 타격을 입었다. 아예 문을 닫는 업체들도 속출했다. 전 세계적으로 수백만 명이 입은 경제적, 심리적 피해를 파악하는 데만 수년이 걸릴 것이다.

하지만 동시에 많은 사람과 조직이 팬데믹 덕을 보았다. 예를 들어, 일부 대형 첨단기술 기업들은 일부 사업 라인이 잘되면서 돈방석에 앉았다. 그 기업들은 그렇게 벌어들인 현금으로 자사 주식을 되사는 한편, 긴급 자금 수혈이

시급한 작은 업체들을 인수했다.[1]

팬데믹이 좋든 나쁘든 교회에 미친 영향을 제대로 평가하기에는 아직 이르다. 하지만 나는 많은 교회 리더가 폐쇄 기간에 너무도 잘 적응하는 모습을 감탄하며 지켜보았다. 가장 눈에 띄는 적응 방식은 온라인 예배 방송이었다.

나는 대다수 교회 리더와 교인들에게 이것이 얼마나 큰 변화인지를 우리가 과소평가해 왔다고 말한다. 물론 대형 교회들은 이미 몇 년 전부터 온라인으로 예배를 방송해 왔다. 하지만 우리의 초기 조사 결과로 볼 때 웹사이트 외에 아무런 온라인 활동도 하지 않았던 10만 곳 이상의 교회가 팬데믹 기간에 온라인 예배 방송을 송출하기 시작했다. 그리고 25만 명 이상의 교인들이 폐쇄 조치 이전에는 교회와 관련해서 어떤 종류의 온라인 활동도 해 본 적이 없었다. 이는 어림잡은 수치이지만, 여기서 좀 줄거나 늘어난다고 해도 엄청난 변화이다.

북미 전역에서 점점 인터넷이 복음 선포와 성경 가르침, 사역의 중요한 통로가 되고 있다. 규모에 상관없이 대부분의 교회들이 디지털 세상에서 새로운 선교지를 발견하기 시작했다. 매주 우리는 목사를 비롯한 교회 리더들에게서 사람들이 온라인 목회를 통해 그리스도의 제자가 되고, 가정이 회복되고, 관계가 회복되고, 교회와 연결되었다는 소식을 듣는다.

물론 난관도 많았다. 하지만 동시에 놀라운 기회들이 주어지고 있다. 적어도 내가 볼 때는 그렇다. 교회들은 이 무시무시한 질병 앞에서도 다시 일어나 하나님의 선한 목적을 추구하는 탄성과 결단력을 계속해서 보여 주고 있다.

폐쇄 해제 이후 시대가 시작되면서 교회들은 사고를 확장하여 새로운 영역들로 과감히 들어갔다. 많은 리더들이 옳은 질문을 던졌다. 그것은 바로 "이 미지의 세계에서 어떻게 효과적으로 복음을 전파해야 할까?"라는 질문이었다. 그들은 디지털 세상에서 새로운 선교지의 가능성을 보면서도 실제로 사람들을 어떻게 섬기고 목회를 할지 모른다고 솔직히 인정했다. 그들의 질문은 단순히 익숙하지 않은 기술들을 어떻게 사용할 것인가에 대해서가 아니라 모든 영역에서 어떻게 한 발 더 나아갈까 하는 것이었다. 결론적으로 이 새로운 시대에는 디지털 목회와 대면 목회를 적절히

섞는 방식으로 나아가야 할 것이다.

디지털 세상의
가능성을 발견하다

일부 교회들은 팬데믹과 폐쇄 조치 훨씬 이전부터 디지털 목회에 관해 생각해 왔던 것이 분명하다. 이런 한 발 앞선 교회들과 다른 교회들의 격차는 분명히 존재한다. 대부분의 교회들은 디지털 세계를 수단이요 '일반적인' 목회의 곁가지 정도로만 여겼다. 하지만 한 발 앞선 교회들의 시각에서 디지털 세상은 이미 선교지였다. 그 교회들의 시각에서 디지털 세상은 아직 제대로 개발되지 않았지만 무궁한 가능성을 지닌 목회의 통로였다.

폐쇄 해제 이후의 교회는 이런 혁신적인 교회들의 시각을 품게 될 것이다. 폐쇄 기간에 교회들은 기존 목회를 이어갈 방법을 모색하는 동시에 새로운 선교지와 새로운 기회를 찾기 시작했다.

폐쇄 이전 세상에서도 교회의 디지털 도구로의 점진적인 이동은 이루어지고 있었다. 많은 교회들이 웹사이트를 통해 예배 시간, 장소, 사역자 소개, 신앙 진술서 같은 다양한 교회 정보를 제공했다. 적지 않은 교회들이 소셜 미디어를 통해 교인들, 나아가 지역 사회와 소통했다. 상당한 숫자의 교회들이 페이스북이나 인스타그램, 트위터 같은 플랫폼을 통해 교인 및 주변 세상과 주기적으로 소통했다. 아예 소셜 미디어를 아웃리치 전략의 핵심으로 삼은 교회들도 있었다.

이메일과 문자 메시지를 통해 디지털 세상에 적극적으로 참여하는 교회들의 숫자는 상대적으로 적지만 꾸준히 증가해 왔다. 이 교회들의 디지털 아웃리치는 집중적이고도 전략적이었다.

이렇게 팬데믹 이전의 디지털 이웃리치를 개괄적으로 소개하는 것은 이것이 전혀 생소한 개념이 아니라는 점을 상기시키기 위해서이다. 전에 사용되던 디지털 도구들이 지금도 여전히 활용되고 있다. 다만 이제 교회는 이 도구들을 전에 없이 적극적으로 사용하고 있다.

변한 것은 디지털 세상을 바라보는 교회 리더들과 교인들의 시각이다. 이제 훨씬 더 많은 사람들이 초기 선구자들의 한 발 빠른 태도를 받아들이고 있다. 즉 이제 그들에게 디지털 세상은 단순히 부차적인 도구가 아니라 선교지가 된 것이다. 폐쇄 해제 이후 시대를 마주한 교회의 과제 중 하나는 디지털 선교지에서 어떻게 사람들에게 다가가고 그들을 섬기느냐에 있다.

여기서 몇 가지 질문이 발생한다. 이 새로운 선교지를 섬길 기회로 본다면 교회의 관행들은 어떻게 달라져야 할까? 크리스천들의 사고가 어떻게 변해야 할까? 우리의 반응이 어떻게 바뀌어야 할까? 교인들의 반응은 이 새로운 시대에 맞게 어떻게 달라져야 하는가? 폐쇄 해제 이후의 세상에서 우리가 배운 첫 교훈들은 무엇인가?

우리가 모든 정보를 가지고 있지는 않지만 어떻게든 변화를 시작해야 한다. 이 책이 태동기에 있는 폐쇄 해제 이후의 교회를 이해하기 위한 발판이 되었으면 하는 바람이다. 놓쳐서는 안 될 좋은 기회들이 우리 앞에 펼쳐져 있다.

디지털 세상에 다가가기 위한
준비가 필요하다

폐쇄 초기에는 교회 리더들 사이에 걱정과 혼란이 가득했다. 대면 예배로 모일 수 없다면 무엇을 어떻게 해야 할까? 어떻게 해야 교회 재정을 안정시킬 수 있을까? 직접 만날 수 없는 사람들을 어떻게 목회해야 할까? 소그룹 활동은 어떻게 해야 할까? 처음에는 이렇게 질문만 쌓였다. 하지만 점차 교회 리더와 교인들이 디지털 세상의 가능성을 발견하면서 우려와 혼란은 기대감으로 바뀌었다. 물론 (개인 차이는 있었지만) 그들은 예전부터 이 세상을 인식해 왔지만, 이제 새로운 눈으로 이 세상을 바라보게 되었다.

그런데 디지털 세상을 선교지로 보는 것까지는 좋은데, 한 가지 난관을 만나게 된다. 그것은 선교사들이 대개 새로운 현장으로 들어가기 전에 '계획'을 갖고 있다는 것을 이해하면 쉽다. 하지만 대부분의 교회 리더들에게 팬데믹은 뜻밖이었고 갑작스러운 일이었다. 목사를 비롯한 교회 리더들은 전혀 준비가 되어 있지 않았기 때문에 무엇을 어떻게 해야 할지 혼란스러운 상태였다. 쉽게 말해, 이 혼란에 대한 계획이 전혀 세워져 있지 않았다. 그래서 질문과 혼란 뒤에 잠시 기대감이 고조되었지만, 이내 이 기대감은 더 많은 질문과 혼란에게 자리를 주었다.

팬데믹 이전에는 대부분의 교회 리더들이 디지털 세상 공략에 전혀 관심이 없었다. 오로지 대면 목회에만 관심을 가졌다. 그것이 그들이 알고 평생 참여해 온 복음 전파의 방법이었기 때문이다. 그들은 오로지 이런 선교지를 위한 훈련만을 받았다.

하지만 이제는 상황이 달라졌다. 교회 리더들이 마침내 디지털 세상에 관해 진지하게 고민하기 시작할 무렵, 규제는 완화되었다. 대면 세상으로 다시 들어갈 날을 계획할 시간이 왔다. 대부분의 리더들은 모든 안전 사항을 철저히 고려해서 교회 문을 다시 열기 위한 물리적인 준비를 하느라 바빴다.

하지만 그런 가운데서도 디지털 목회의 열정을 잃지 않은 교회 리더와 교인들이 많았다. 팬데믹 기간에 그들은 너무도 좋은 기회를 엿보았고, 이제 폐쇄 해지 이후에 과감한 조치들을 취하기를 원했다. 이 새로운 선교지로 들어가기 위한 강한 열정들이 보였다.

혹시 당신도 그런 무리 중 한 명인가? 그리고 무엇을 어떻게 해야 할지 고민하고 있는가? 물론 폐쇄 해제 초기라 말하기가 조심스럽기는 하지만, 괜찮은 계획들이 준비되어 있다! 이런 계획의 중심에는 교회가 세 그룹을 다루어야 한다는 인식이 있다. 우리는 이 세 그룹을 '디지털에만 참여하는 그룹'(only digital), '과도기 디지털 그룹'(digitally transitioning), '양면 이용 그룹'(dual citizens)이라고 부른다.

첫 번째 그룹은 디지털 세상에만 참여하는 사람들이다. 이 그룹에는 육체적인 이유로 대면 모임에 참여할 수 없는 사람들이 포함된다. 예를 들어, 나이가 너무 많아 스스로 외출을 할 수 없는 사람들이나 해외 주둔 병사들이 그런 경우다.

이 그룹에는 교회 시설에 다시 들어가는 것이 너무 위험하다고 판단하는 사람들이 포함된다. 단순히 대면 예배에 참여할 생각이 없거나 준비가 되지 않은 사람들도 있다. 교회를 싫어하는 것까지는 아니지만 대면 모임을 꺼려하는 사람들이다. 이 중에는 나중에 바뀔 사람들도 있고, 현재의 입장을 고수할 사람들도 있다. 교회는 이런 사람들에게 어떻게 다가가야 할 것인가?

두 번째 그룹은 '과도기 디지털 그룹'이다. 이들은 대부분 디지털을 통해서만 교회에 참여한다. 대면 모임에는 좀처럼 얼굴을 내비치지 않는다. 하지만 대면 모임에 대해 어느 정도는 열린 모습을 보이고 있다. 화상 통화를 통한 소그룹 모임에 참여하면서 타인을 더 알아가려고 노력하고 있다. 온라인 방송 중에 디지털 방문자 정보 양식을 작성하기도 한다. 이런 사람들을 공략하기 위한 전략에는 그들이 대면 예배에 참여하도록 권장하기 위한 구체적인 방법들이 포함될 수 있다.

세 번째 그룹은 '양면 이용 그룹'들이다. 그들은 디지털 도구와 대면 접촉 모두를 통해 교회에 참여하는 그룹이다. 이 그룹을 간과하지 말아야 한다. 심지어 대면 모임을 강하게 선호한다 해도 디지털 연결을 '전혀' 하지 않는 사람은 더 이상 찾아보기 힘들다. 북미에서는 대부분의 사람들이 어떤 식으로든 디지털 도구를 활용하고 있다. 방금 나는 84세의 장모님이 게시한 페이스북 글에 "좋아요"를 눌렀다. 따라서 교회를 위한 미래의 전략에는 이 세 그룹이 반드시 고려되어야 한다.

자, 어디서부터 시작해야 할까?

초대교회로부터 배우는
교훈들

오늘날 우리는 디지털 세계 공략에 관해서 예루살렘의 첫 교회로부터 배울 수 있다. 이는 매우 흥미로운 일이다. 당시의 커뮤니케이션 수단은 지금과 크게 달랐지만 믿음의 필요성은 예나 지금이나 동일하다.

예수님은 하늘로 오르신 직후 제자들에게 말씀하셨다. "오직 성령이 너희에게 임하시면 너희가 권능을 받고 예루살렘과 온 유대와 사마리아와 땅 끝까지 이르러 내 증인이 되리라"(행 1:8).

이것이 끝이었다. 다른 지시는 없었다. 특별한 전략이나 계획은 없었다. 목적을 더 분명하게 설명해 주시지도 않았다. 그래서 무엇을 해야 할지 모를 때 제자들은 어떻게 했는가? 기도했다. 성경은 첫 교인들이 한마음을 품었기 때문에 첫 교회의 기도에 강력한 힘이 있었다고 말한다. "더불어 마음을 같이하여 오로지 기도에 힘쓰더라"(행 1:14).

그들은 달리 무엇을 해야 할지 몰랐지만 기도해야 한다는 것은 분명히 알았다. 새로 발견된 이 디지털 선교지의 기술적 가능성에 도취되기 쉽다. 하지만 기도로 하나님의 인도하심을 구하는 것이 얼마나 중요한지를 한시도 잊지 말아야 한다. 먼저 기도하지 않고서 디지털 세상을 공략하려는 시도는 헛된 시도일 뿐이다. 그것은 하나님 없이 하나님의 사명을 이루려는 시도와도 같다.

여기서 기도에 관한 구체적인 방법론을 제시하지 않겠지만 우리가 폐쇄 해제 이후 시대에 공략할 3개의 중요한 그룹(디지털에만 참여하는 그룹, 과도기 디지털 그룹, 양면 이용 그룹)을 항상 기억하기를 바란다.

각 그룹에 대해 어떻게 기도할 것인가? 어떻게 해야 각 그룹이 우리에게 기도 제목을 나눌 것인가? 어떻게 하면 양면 이용 그룹들이 다른 그룹들을 위해 기도하게 될 것인가? 어떻게 하면 폐쇄 해제 이후 시대에 우리 교회의 리더와 교인들이 열심히 기도하게 될 것인가?

흥미진진한 시대이다. 하지만 기도 없이 전진하면 하나님의 능력으로 해야 하는 사역이 금세 인간 중심의 사역으로 전락하고 말 것이다. 물론 인간 중심의 사역은 실패로 가는 지름길이다.

온라인 예배에
빠지기 쉬운 함정

《단순한 교회》에서 에릭 게이거와 나는 제자화 프로세스를 강조했다. 이런 프로세스를 갖춘 교회가 되기 위한 중요한 단계 중 하나는 잘하는 몇 가지에 집중하고 가능하면 나머지 전부를 제거하는 것이었다.

교회가 디지털 세상에서 더 강력한 선교를 펼치도록 노력해야 하지만 단순히 바쁨의 함정에 빠지지 않도록 조심

해야 한다. 하나님은 각 교회가 폐쇄 해제 이후의 시대에 전진할 수 있도록 자신만의 강점들을 주셨다. 하지만 우리가 모든 것을 할 수는 없다. 좀 더 분명한 표현을 사용하자면, 모든 것을 하려고 해서는 안 된다!

온라인 예배 방송을 위해 최신 기술을 시도해 보고 싶은 생각이 들 수 없다. 이미 많은 교회가 최신 기술들을 어떻게 사용할지 타진하고 있다. 새로운 기술을 사용하여 큰 효과를 보고 있다는 교회들에 관한 소식이 사방에서 들려올 것이다. 분명 새로운 아이디어와 기술에 마음을 열어 놓고 있어야 하지만, 그 모든 것을 다 실행할 수는 없다. 한꺼번에 여러 가지를 시도하면 아무것도 제대로 하지 못하는 사태가 발생하기 쉽다.

폐쇄 해제 이후의 교회들은 다양한 소셜 미디어 채널을 활용할 것이다. 이미 더 효과적인 페이스북 활용 전략을 내놓는 교회들이 나타나고 있다. 교회에 관한 중요한 정보를 알리기 위해 트위터를 전략적으로 활용해야 한다고 말하는 교회들도 있다. 어떤 이들은 유튜브를 적극 활용해야 한다고 주장한다. 최근, 한 집단에게서 인스타그램을 전략적으로 활용하지 않는 교회는 도태될 것이라는 말을 들은 적이 있다. 인스타그램 외에도 핀터레스트(Pinterest)와 링크드인(LinkedIn)까지 활용할 수 있는 채널이 수도 없이 많다. 심지어 디지털 세상 속에서의 교회들을 위한 지침서까지 본 적이 있다. 이 책은 '40개' 이상의 미디어 채널을 다루고 있었다. 나는 내용을 요약한 글을 읽다가 지쳤다.

디지털 세상에서 효과적으로 선교하기 위한 방법을 찾으려는 열정만큼은 높이 사야 한다. 하지만 폐쇄 이전 시대에 피해야 했던 함정들이 지금도 여전히 존재한다. 단지 형태만 달라졌을 뿐이다. 수단이 목적이 되는 일이 일어날 수 있다. 바쁘기만 하고 열매는 맺지 못할 수 있다. 결과보다 활동에만 초점이 맞추어질 수 있다.

우리 팀은 수많은 교회들을 섬기면서 프로그램과 사역, 활동에 너무 바쁜 나머지 그것들의 본래 목적을 놓치지 말라는 메시지를 한결같이 전해 왔다. 이 모든 활동의 목적은 지상명령을 이루는 것이다. 단순히 일정표를 채우는 것이 목표가 아니다.

이미 디지털 세상에서 그냥 바쁘기만 한 교회들이 심심

치 않게 눈에 띈다. 많은 리더들이 하나라도 놓치기를 두려워하는 것에 시달리고 있다. 분명 교회는 디지털 세상에서 선교를 해야 한다. 하지만 모든 것을 할 수는 없다. 모든 소셜 미디어 채널을 사용할 수는 없다. 온라인 예배 방송을 위한 새로운 기술들을 모두 사용할 수는 없다.

디지털 세상에서 각 교회가 잘할 수 있는 몇 가지 영역을 찾고, 그것에 시간과 노력을 집중해야 한다. 사방팔방에서 바삐 움직이는 것만으로 만족해서는 곤란하다. 생산성을 주기적이고도 철저히 평가해서 변화가 필요한 부분은 바꾸어야 한다. 무엇을 하던 단순히 바쁜 것을 성과로 착각해서는 안 된다. 오히려 이 둘은 반대인 경우가 더 많기 때문이다.

가장 중요한
원칙을 기억하라

폐쇄 해제 이후 세상에서는 대면 예배나 온라인 예배

중 어느 한 극단으로 흐르는 교회들이 존재할 것이다. 디지털 선교지에 너무 매료되어 대면 모임의 중요성을 망각하는 교회들이 나타날 것이다. 함께 모인 자리에서 훌륭한 설교를 듣고 열정적으로 예배하는 경험도 중요하다는 사실을 망각할 수 있다. 대면 모임을 건강하게 활성화할 방안들을 전혀 고민하지 않게 될 수 있다.

스펙트럼의 반대편 끝에는 코로나 이전이나 이후나 다를 바 없다고 생각하는 교회들이 있다. 그런 교회들의 관심사는 오로지 '정상으로 돌아가는 것'뿐이다. 코로나가 기승을 부리는 가운데서도 이 교회들은 오로지 옛 방식과 옛 프로그램, 옛 활동들로 돌아갈 날만 손꼽아 기다리고 있다.

'정상으로 돌아갈 날'만 기다리는 태도의 가장 큰 문제점은 세상이 크게 변했다는 것이다. 코로나 이전과 이후 세상은 전혀 같지 않다. 더 이상 존재하지 않는 세상을 위한 방법들로는 효과적인 목회가 불가능하다.

우리가 저지를 수 있는 또 다른 실수는 디지털 목회가 또 하나의 활동일 뿐이라는 생각이다. 많은 교회가 디지털 세상이 선교지의 일부라는 사실을 발견했다. 많은 교회가 흥미진진한 새 기회들에 눈을 떴다. 하지만 폐쇄 해제 이후 시대에 우리는 양자택일의 관점이 아니라 둘 다 취한다는 접근법을 가지고 목회를 해야 한다. 그리고 모든 교회에 맞는 하나의 전략은 없다. 교회마다 개별적인 전략을 취해야 한다. 대부분 교회의 공통분모는 여전히 대면 예배일 것이다. 하지만 온라인 예배의 유형과 횟수는 교회마다 다를 수밖에 없다.

그룹들에 대한 접근법도 다를 것이다. 폐쇄 기간에 디지털 그룹들에 대한 접근법이 성공적이어서 그 접근법도 그대로 이어가는 교회들이 있는가 하면, 단기적인 그룹들에만 온라인 방식을 사용하고 지속적인 그룹들에 대해서는 대면 모임을 선호하는 교회들도 있을 것이다.

디지털 세계에서는 특히 대면 모임에 참석하지 않는 사람들에게 다가가기 위한 많은 혁신이 이루어질 것이다. 현재 상황과 전략은 유동적이다. 아마 향후 몇 년 동안은 그럴 것이다.

가장 중요한 원칙은 지상명령에 순종하겠다는 결단이다. 지금 세상은 디지털인 동시에 물리적이다. 이 이유만으로도 교회는 두 세상 모두에 반응해야 한다. 이 두 선교지를 다루기 위한 방법은 다양하고 또 계속해서 변하겠지만, 우리가 무엇을 해야 하고, 그것을 잘해야 한다는 사실만큼은 분명하다. 기다리는 것은 답이 아니다.

"추수할 것은 많되 일꾼이 적으니 그러므로 추수하는 주인에게 청하여 추수할 일꾼들을 보내 주소서 하라"(눅 10:2).

chapter 3

도전 3
동네교회

지역 사회를 위한
교회로
탈바꿈할 기회이다

좋았던 옛날이 기억난다. 하지만 미국 교회의 발전과 경로를 연구하던 중 나는 좋았던 옛날이 그냥 아련한 추억으로 인해서 좋게 느껴지는 것이 아니라 실제로 좋았다는 결론을 내렸다.

지난 2세기 동안 10개 중 8개의 교회는 특정한 지역 안에서, 그리고 그 지역을 위한 곳으로 시작했다. 물론 도시의 중심지에 위치해서 교인들이 여러 지역에서 오는 교회도 있었다. 교인들이 사방 수십 킬로미터에 흩어져 있는 도심의 대형 교회들도 있었다.

하지만 대부분의 교회는 특정한 지역의 일부로 설립되었다. 교회 이름도 그 지역이나 그 지역 안의 붐비는 거리 이름을 사용하는 경우가 많았다. 이런 교회에 다니는 사람들의 대부분은 그 지역에 살았다. 그래서 교회는 해당 지역의 정체성을 고스란히 담고 있었다.

또 좋았던 옛날이 기억난다. 나는 십대 시절에 그리스

도의 제자가 되었다. 하지만 내가 다니던 교회는 분쟁과 다툼의 소용돌이에 빠지고 말았다. 교회 회의 때마다 교인들이 서로에게 손가락질과 비난을 쏟아내던 안타까운 기억이 있다. 결국 그 교회는 둘로 나뉘었고, 우리 가족은 떠나는 이들의 편에 섰다.

하지만 그렇게 분리된 교회가 또 다른 분쟁의 소용돌이에 빠지기까지는 그리 오랜 시간이 걸리지 않았다. 그렇게 세 번째 교회가 탄생했다. 교회를 떠난 것은 결코 잘한 일이 아니지만, 어쨌든 나는 이 세 교회 중 어느 곳에도 몸을 담지 않기로 결심했다. 그렇게 나는 십대 시절에 교회와 연을 끊었다.

교회를 떠난 크리스천은 잘될 수가 없다. 나도 예외는 아니었다. 나는 첫 믿음에서 더 성장하지 못하고 예전의 반항적인 행동으로 회귀했다. 예수님의 제자답지 못하고 교회를 향한 환멸만 잔뜩 얻었다.

시계를 수년 뒤로 빨리 감아, 신혼 초를 떠올려 보겠다. 나는 20대 젊은이였다. 그런데 아내가 아이를 낳기 전에 한 가지 부탁을 했다. 아내는 몸담을 교회를 원했다. 그리고 내가 가족의 영적 리더가 되기를 원했다.

교회와 연결되려는 욕구는 비록 억눌려 있었지만 항상 내 안의 깊은 곳에서 꿈틀되고 있었다. 나는 기꺼이 교회에 다니기로 했고, 곧 마땅한 교회를 찾았다. 그 교회는 내가 살던 지역에 있었고, 그 사실이 교회 이름에서 분명히 드러났다.

정말 좋았다. 그곳에서 많은 훈련과 사랑을 받으면서 영적으로 성장하기 시작했다. 우리의 삶은 주로 그 교회와 지역 안에서 이루어졌다. 첫 아이가 태어났을 때 우리 부부는 교회의 열정적인 일꾼이 되어 있었다. 지역에 뿌리를 둔 교회는 우리 국가의 오랜 전통이었다. 교회가 해당 지역에 사는 사람들을 돌보는 일이 지극히 자연스럽고 일반적이었다.

하지만 시간이 지나면서 많은 교회가 그 목적을 망각하기 시작했다. 주변 사회가 변했는데도 함께 변하지 않는 교회들이 있었다. 어떤 교회는 내부로만 눈을 향했기에 교회라기보다는 종교적인 사교 모임에 가깝게 변하였다. 교회가 새로운 세대에 맞게 변화하지 않는 바람에 그 세대가 더 크고 새로운 교회로 이동하거나 아예 교회를 떠나는 경우도 발생했다.

그런데 최근 코로나19로 교회가 문을 닫아야 했을 때, 많은 교회에서 한 가지 흥미로운 변화가 나타났다. 그것은 바로 주변 사회를 재발견하기 시작한 것이다.

교회의 주소를
재발견하다

폐쇄 기간에 많은 교회 리더와 교인들이 교회는 전혀 '닫히지' 않았다는 말을 했다. 성경적으로 맞는 말이다. 많은 사람이 블로그와 페이스북 같은 미디어를 통해 지적한 것처럼 교회는 건물이 아니라 사람들이다. 그런데 팬데믹과 함께 정말 아이러니한 한 가지 현상이 벌어졌다. 사람들을 모을 자유를 빼앗기자 교회가 오히려 더 사람 중심으로 변한 것이다. 이런 변화에는 적어도 네 가지 요인이 있다.

첫째, 대부분의 활동이 교회 건물 안에서 이루어졌기 때문에 이제 교회는 더 이상 활동 중심적일 수 없었다. 교회 건물이 문을 닫자, 이제 교인들은 자기 주변을 돌아

볼 시간과 기회가 더 생겼다. 그 결과는 어떠했는가? 주변 사회와 교회가 연결되기 시작했다. 교회 건물은 늘 지나다니면서 봤지만 그 안에 있는 사람들은 자주 마주치지 못했던 주민들이 교회와 연결되기 시작했다.

둘째, 많은 교회가 기도 사역을 재개하거나 시작하면서 그 사역의 상당 부분을 이웃과 지역 사회에 집중시켰다. 우리가 관찰한 한 교회는 지역 주민들을 상대로 페이스북 광고에 적지 않은 돈을 투자했다. 또한 자신이 속한 지역의 페이스북에서 주민들과 소통했다. 두 경우 모두, 원하는 사람에게 기도해 주겠다고 제안했다. 그렇게 해서 기도를 요청하는 사람들에게는 특정한 이메일 주소를 알려 주었다. 주민들의 반응은 예상을 넘어섰다. 교인들은 기도 사역이 시작되기 전까지는 이웃 주민들에게 다가갈 생각을 해 본 적이 없었다고 고백했다.

셋째, 폐쇄 기간 중에 많은 교회가 전도에 더욱 박차를 가했다. 이는 참으로 아이러니다. 사람들을 직접 만날 수 없는데 오히려 전도를 더 많이 한다는 것이 과연 말이 되는가? 하지만 바쁨의 함정을 생각하면 이것은 충분히 말이 된다. 이제 교회 리더와 교인들은 산더미처럼 쌓인 활동의 늪에서 해방되었다. 이제 주위 사람들에게 복음을 전하는 것 같은 가장 중요한 일에 집중할 수 있게 되었다.

넷째 요인 또한 아이러니하다. 많은 사람이 대부분의 시간을 각자의 집과 동네에 갇혀 있다 보니 걷거나 자전거를 타거나 벤치에 앉아서 이웃을 볼 기회가 더 많아졌다. 그러다 보니 적절한 사회적 거리를 유지하면서도 서로 인사를 하거나 대화를 나눌 만큼 가까워졌다. 교인들은 예전 같으면 만나기 힘들었을 법한 이웃들과 관계를 맺을 수 있었다.

폐쇄 기간에 우리가 해제 이후 시대에 관한 어떤 교훈을 얻을 수 있었는가? 가장 중요한 교훈 중 하나는 각 교회가 이유가 있어서 해당 지역에 있다는 점을 기억하라는 것이었다. 우리 팀의 대표로 일하고 있는 샘 라이너(Sam Rainer)가 자주 말하듯이 "당신 교회의 주소는 우연이 아니다." 특별한 경우를 제외하고 교회의 물리적 장소는 그 교회 사역의 중심지여야 한다. 복음을 나누기 위해 노력해야 한다. 그리고 복음을 나누는 것 자체가 '어떻게' 나누느냐보다 훨씬 더 중요하다.

마지막으로, 교회는 주민들과 연결되기 위해 노력해야 한다. 팬데믹과 폐쇄 기간 중에 복음을 전하기 위한 새로운 노력들이 불같이 일어났다. 이 노력을 폐쇄 해제 이후에도 이어가지 말아야 할 이유는 전혀 없다.

목회에 대한
초심을 찾다

"다시는 그렇게 하지 않겠어요!"

한 목사가 자가격리 4주차에 외친 말이다. 그를 비롯한 많은 사람들에게 팬데믹은 반성의 시간이었다. 그는 현재 교회에 부임한 지 8년째였다. 하지만 그의 고백에 따르면 그는 목회에 대한 초심을 잃고 말았다.

"저는 교회를 개척하고 나서 이 교회에 왔습니다." 그가 한 훈련 모임에서 내게 말했다. "이 교회에서 처음 목회하기 시작할 때만 해도 이전 교회를 개척할 때와 똑같은 열정과 전략으로 충만했습니다. 가능한 모든 방면에서 우리 지역을 섬기려고 했습니다. 한 교인은 우리가 '지역 집착증'에 빠졌다는 농담도 했죠. 저는 그 말이 정말 듣기 좋았습니다."

그는 잠시 말을 멈추었다. 그 시절을 즐겁게 회상한다는 것을 알 수 있었다. "톰 목사님, 우리 교회 리더들이 위대한 것을 버리고 좋은 것 즉 최선보다 차선책을 따르는 경향이 있다고 말씀하셨죠?" 내가 고개를 끄덕이자 그가 말을 이어갔다. "바로 제가 그랬습니다. 주변 사회를 섬기는 일을 소홀히 하기 시작했습니다. 대신 다른 것들에 신경을 썼죠. 나쁜 것들이 아니고 그냥 다른 것들이요." 그는 처음에 했던 말을 반복했다. "다시는 그렇게 하지 않겠어요!"

여러 이유로 팬데믹 기간에 교회 리더와 교인들이 지역 사회 중심으로 돌아왔다. 위의 목사는 자신이 교회를 이끌어 온 방향을 돌아볼 시간을 가졌다. 덕분에 방향을 바꿀 수 있었다.

어떤 이들은 주민들이 교회에 마음을 여는 모습을 보았다고 말했다. 팬데믹으로 인해 자신들이 죽을 수밖에 없는 존재라는 사실을 절감한 탓이었을까? 아니면 기도를 원했던 것일까? 기댈 곳을 원했던 것일까? 어떤 이유든 주민들은 교인들에게 전보다 더 마음을 열었다.

폐쇄 해제 이후 시대는 특히 주변 사회와 연결되는 방식을 다시 조종할 수 있는 좋은 기회이다. 교회 리더들은 많은 방식으로 "다시는 그렇지 않겠어요!"라고 말하고 있다. 간단하지만 강력한 사례를 소개한다.

테네시 주의 한 교회는 지역 상인들에게서 수천 달러의 상품권을 샀다. 뿐만 아니라 모든 상인들에게 기도와 지원을 아끼지 않겠다고 약속했다. 이 교회는 팬데믹 기간에 맺은 관계가 폐쇄 해제 이후에도 계속될 것임을 알고 있다. 이 교회는 지역 상인들에게 다가가는 노력을 조금이라도 줄일 생각이 없다.

미주리 주의 한 교회는 넓은 교제실을 지역 주민들에게 개방했다. 주민들은 가족 모임이나 생일 파티, 업체들 모임, 환영회 용도로 이 시설을 사용할 수 있다. 이 아이디어는 팬데믹 기간에 탄생해서 폐쇄 해제 이후에 실행되었다. 유일한 사용료는 약간의 청소비가 전부이다. 심지어 여력이 없는 사람들은 청소비에 대해서도 교회에서 대신 내준다.

앞서 말했듯이 조지아 주의 한 교회는 교회의 여러 건

물 중 하나를 지역 주민들을 위한 무료 빨래방으로 개조했다. 세탁기와 건조기를 사용하고 난 후 다음 사람을 위해서 남은 세제를 두고 가는 사람들이 많다. 교회는 일주일에 3번씩 저녁에 3시간 동안 빨래방 이용자들을 위해 아이 돌봄 서비스를 제공한다.

이런 교회들이 지역 사회와 더 밀접히 연결되기 위한 방법들을 어떻게 알게 되었을까? 답은 간단하면서도 심오하다. 이 교회들은 주민들에게 어떻게 섬겨 주기를 원하는지 물었고 그들의 답에 귀를 기울였다.

한 교회는 폐쇄 기간 동안 1백 명 이상의 상인들과 지역 사회 리더들에게 전화를 걸었다. 덕분에 이 교회는 지역 사회와 연결되기 위한 강력한 로드맵을 갖출 수 있었다. 또 다른 교회는 손수 쓴 편지에 기도 요청을 할 수 있는 이메일 주소를 적어서 지역의 8백 개 이상의 가정에 보냈다. 불과 한 주 만에 134명이 반응했다. 현재 그 교회는 지역 사회의 필요를 훨씬 더 정확히 파악하고 있다. 그리고 앞으로 나아갈 길도 더 분명히 알게 되었다.

교회들은 묻고 귀를 기울이고 행동했다. 위의 사례는 폐쇄 기간과 해제 이후 기간을 기회의 창으로 본 수많은 교회들에 관한 몇 가지 사례일 뿐이다. 이들 교회는 하나님이 팬데믹 기간에 주신 기회들이 수년간 이어질 것으로 보고 있다.

점진적인
침식의 원인

나는 플로리다 해변을 사랑한다. 평생 동안 플로리다 북서부와 남서부의 해변을 수도 없이 갔다. 백색의 모래와 에메랄드빛 물이 반짝이는 플로리다 해변은 내가 본 가장 아름다운 경관 중 하나다.

해변은 정교한 생태계의 일부다. 많은 해변이 지속적인 침식 상태에 있다. 대개 침식은 몇 달 혹은 몇 년이 지나도 눈에 띄지 않을 정도로 서서히 진행된다. 그래서 해변 주민들은 점진적인 침식에 관해서 별로 걱정하지 않는다.

하지만 허리케인이 해변에 들이닥치면 침식이 거대하고도 급진적으로 이루어진다. 그럴 때면 지역 주민들과 공무원들은 비상 모드에 돌입한다. 재산 피해를 평가하고 피해 복구를 진행한 뒤에는 해변 복구가 이루어진다. 긴급한 상황에 많은 사람이 적극적으로 행동한다.

많은 교회가 외적인 초점을 상실하면서 점진적인 침식이 나타났다. 대부분의 교회가 스스로를 돌보는 데 시간과 인력, 활동, 돈을 집중하기 시작했다. 이는 점진적인 과정이었다. 교회 리더와 교인들이 지역 사회에 쏟는 시간과 노력을 어느 날 갑자기 전부 거두어들인 것이 아니다. 교회의 안주가 지상명령을 대신하는 과정이 매년 조금씩 진행되었다. 교회가 내부로 초점을 돌리면서 지역 사회와의 연결 고리는 점점 더 끊어졌다.

예수님은 예루살렘의 첫 교회를 향해 외부에 초점을 맞추라는 분명한 명령을 내리셨다. 즉 도시 내부에서 시작하여 "온 유대와 사마리아와 땅 끝까지"(행 1:8) 향하라고 한결같이 외부에 초점을 맞추라고 명령하셨다. 초기 예루살렘의 교회는 이 명령을 잘 수행했다. 그들은 철저히 외부의 지역 사회에 초점을 맞추었다. 하지만 교회는 이 명령에 온전히 순종하지 못했다. 복음은 예루살렘을 넘어 온 세상으로 뻗어나가야만 했다. 하지만 교회는 안전지대의 가장자리에서 멈추고 말았다.

그러자 하나님은 예루살렘 교회에 긴박감을 주시는 동시에 지상명령의 다음 단계를 촉발시키기 위해 박해를 허락하셨다.

> 그날에 예루살렘에 있는 교회에 큰 박해가 있어 사도 외에는 다 유대와 사마리아 모든 땅으로 흩어지니라(행 8:1).

오늘날 하나님은 코로나19를 통해 온 세상에 긴박감을 일으키셨다. 코로나19는 분명 우리에게 주시는 경종이다. 단, 대부분의 교회에 시급한 일은 예루살렘 '밖으로' 나아가는 것, 즉 자신의 지역 밖으로 나가는 것이 아니다. 먼저 예루살렘 주민들에게 다가가는 노력이 시급하다. 바로 우리 주변, 우리 동네, 우리 마을, 우리 도시에 있는 사람들을 향한 외적인 비전에 초점을 맞추어야 한다.

대부분의 경우, 외적인 초점의 침식은 서서히 이루어졌

다. 그래서 코로나19 이전에는 대부분의 교회가 침식을 알지 못했다. 하지만 지금 우리는 이 침식을 분명하게 인식하고 있다.

이제 우리 앞에 도전이 놓여 있다. 똑같은 방식에 안주하는 시대로 돌아갈 수도 없고 돌아가서도 안 된다. 지상명령에 대한 순종과 희생으로 전진해야만 한다. 앞서 소개한 목사의 말이 참으로 옳다. "다시는 그러지 않겠어요!"

진정한 동네 교회의
귀환

나는 많은 유형의 교회를 경험하였다. 내가 목사로 사역한 첫 교회는 교인이 겨우 7명인 시골 교회였다. 최소한 25킬로미터는 나가야 작은 상점 하나를 발견할 수 있는 외진 곳이었다. 반대로 수십 킬로미터 밖에서 교인들이 찾아오는 대형 교회에서도 사역했었다. 어릴 적에 다닌 교회는 작은 시골에 있었지만 나름 규모가 있어서 주변 마을에서 사람들이 찾아왔다.

이 모든 교회는 내 영적 성장에 중요한 영향을 미쳤다. 각 교회의 교인들이 우리 가족의 삶과 건강에 중요한 역할을 했다. 이러한 다양한 경험에 대해 하나님께 감사한다. 이 교회들 하나하나가 내게는 지극히 소중하다. 성인이 된 자녀들은 어릴 적에 이 교회들에서 받은 영향을 회상하며 감사를 고백하고는 한다.

최근 다시 부상하고 있는 교회의 유형 중 하나는 동네 교회다. 동네 교회에 대한 정의는 여러 가지이지만 대부분의 정의가 중요한 공통점들을 가지고 있다.

동네 교회의 가장 일반적인 특징은 특정 지역과 결부되어 있다는 것이다. 동네 교회들은 특정한 지역을 섬기기 위해 시작되었다. 그 교인들에게 어디에 사느냐고 물으면 모두가 하나의 지리적 명칭을 댔다. 이를테면 그 지역의 행정 명칭을 대기도 하고, 그 지역의 상당 부분을 차지하고 있는 대기업의 이름을 대기도 했다. 동네 교회들은 지역 사회 '안에서' 지역 사회를 '위해' 탄생했다. 이런 교회의 목적은 분명하다. 선교지가 지리적으로 명확하게 정의되어 있었다.

그런데 지난 몇 십 년 동안 동네 교회들의 사정은 좋지 못했다. 동네 교회들의 몰락을 큰 교회들, 특히 대형 교회들 탓으로 돌리는 경우가 많다. 하지만 사실 동네 교회들의 몰락은 자초한 측면이 강하다. 일부 동네 교회들은 지역보다 교단을 중심으로 이루어졌다. 그래서 교인들이 주변 사회의 변화에 적응하기보다는 그 지역에서 나와 몇 킬로미터 떨어진 교회까지 차를 타고 가야 했다. 교인들과 지역 주민들의 인구통계가 너무 다르면 교회는 이미 쇄락의 길로 접어든 것이다.

일부 동네 교회들은 내부에 초점을 맞추었다. 원래는 지역 사회를 복음화하고 섬기기 위해 세워졌지만 시간이 지나면서 종교적인 사교 모임으로 전락했다. 남들보다 스스로를 섬기기 시작했다.

그런가 하면 시대에 뒤처진 동네 교회들도 있다. 이런 교회는 그저 현재 상태를 유지하기 위해 변화를 거부했다. 젊은 교인들이 동네 교회를 떠나 큰 교회로 간 것은 단순히 더 큰 곳을 원하기 때문이 아니었다. 젊은 가족들은 시대에 맞는 교회를 원했다. 그들은 한사코 변화를 거부하는 구시대적인 동네 교회들에 넌더리가 났다.

하지만 최근 많은 동네 교회들이 다시 부상하고 있다. 개중에는 자립 교회도 있고, 큰 교회의 캠퍼스도 있다. 하지만 그 사명만큼은 동일하다. 이 교회들은 지역 사회 '안에서' 지역 사회에 '속해' 지역 사회를 '위해' 존재한다.

나는 팬데믹이 동네 교회들의 귀환을 가속화할 것이라고 확신한다. 코로나19 이전에도 이미 이런 변화의 조짐이 보였다. 이제 폐쇄 기간에 얻은 지혜와 통찰, 영감 덕분에 폐쇄 해제 이후 교회에 대해서는 더 큰 희망을 가질 수 있다.

동네 교회의 귀환은 더 큰 현상의 일부다. 교회들이 지역 사회와 다시 연결되고 있다. 교인들은 자신들만 생각하면 그리스도의 사역을 올바로 이어갈 수 없다는 사실을 깨닫기 시작했다. 동네 교회들이 부활하여 다시 지역 사회에 초점을 맞추고 있는 현상은 매우 고무적인 일이다. 이런 현상이 지속될 뿐 아니라 향후 더욱 가속화될 가능성이 높다. 그 결과는 더 건강한 교회들의 탄생으로 나타날 것이다. 또한 지역 사회도 더 건강해질 것이다. 참으로 하나님은 그분의 영광을 위해 이 힘들고 비극적인 시간을 사용하고 계신다.

chapter 4

도전 4
기도 사역

한 차원
더 깊은 기도가
필수 요소다

기도에 관해 더 많이 말하고 더 많이 쓰지 못해 늘 아쉽다. 머리로는 기도가 건강한 교회의 가치라는 사실을 잘 알고 있다. 기도 없이는 교회의 모든 노력이 인간 중심이어서 결국 실패할 수밖에 없다는 사실도 잘 알고 있다. 기도를 최우선시하는 교회가 가장 건강한 교회라는 사실을 경험해 보았기 때문에 누구보다 잘 알고 있다.

하지만 내 기도 생활은 그리 자랑할 것이 없다. 목사로 사역하며 나는 늘 교인들에게 기도를 강조했었다. 하지만 정작 나 자신은 기도에 많은 시간을 할애하지 못했다. 늘 사역이 너무 바빠서 하나님과 보낼 시간이 부족했다. 안타깝게도 현재의 내 기도 생활도 엉망일 때가 많다.

내가 가르치는 목사들 중에서도 비슷한 고민을 털어 놓는 이들이 많다. 그들은 교회에서 시급하게 보이는 일들에 너무 바빠 기도를 소홀히 할 때가 많다고 고백한다.

하지만 팬데믹과 폐쇄 기간에 변화가 나타났다. 목사를

비롯한 교회 리더들이 기도로 하나님을 찾기 시작했다. 교인들이 기도 사역에 더 적극적으로 참여하기 시작했다. 그리고 지역 주민들도 교회에 기도 지원을 요청하기 시작했다.

교회 역사에는 기도 운동의 흥망성쇠가 가득하다. 예를 들어, 예루살렘의 첫 교회를 생각해 보라. 이 교회는 그리스도의 승천 이후 기도 운동에서 탄생했다. "다 거기 있어 여자들과 예수의 어머니 마리아와 예수의 아우들과 더불어 마음을 같이하여 오로지 기도에 힘쓰더라"(행 1:13-14).

이 짧은 구절에서 그들이 기도를 얼마나 중시했는지 보라. 그들은 "다" 모였다. 단 한 명도 예외 없이 모였다. 심지어 예수님의 어머니 마리아도 기도 운동의 일원이었다.

기도의 '빈도수'도 주목해서 볼 필요성이 있다. 사도행전의 저자 누가는 "오로지"라는 표현을 쓴다. 이는 끊임없이 기도했다는 뜻이다. 그들의 모임에 관해서 많은 것은 알 수 없어도 한 가지만은 확실하다. 그들에게 기도는 더없이 중요했다.

초대교회에 기도는 중요했을 뿐 아니라 모두를 단합시키는 힘이었다. 기도로 모인 신자들은 한마음이 되었다.

오순절 후 예루살렘 교회는 형체를 갖추기 시작했다. 사도행전 2장 42절에서 우리는 이 첫 교회가 처음부터 우선사항으로 삼은 것들을 확인할 수 있다. "그들이 사도의 가르침을 받아 서로 교제하고 (성찬식을 비롯한) 떡을 떼며 오로지 기도하기를 힘쓰니라."

우선사항 목록에서 기도를 가장 마지막에 언급한 것은 기도가 가장 중요하다는 뜻일 수 있다. 교회는 기도에 '전념'했다. 그들에게 기도는 단순한 형식이나 일과가 아니었다. 첫 교회에 기도는 중요한 우선사항이어서 모든 교인이 기도에 전념했다. 첫 교회의 힘은 인간 중심이 아닌 하나님의 인도하심에서 나왔다.

박해로 교회가 예루살렘 밖으로 흩어지기 직전, 첫 교회 리더들은 난관을 만났다. 그것은 과부에게 음식을 나누어 주는 문제를 놓고 헬라어를 사용하는 신자들과 히브리어를 사용하는 신자들 사이에 극심한 대립이 나타난 것이었다. 헬라어를 사용하는 신자들은 히브리 출신의 신자들이 특혜를 받고 있다고 주장했다(행 6:1).

교회 리더들은 이 문제가 단순한 음식 분배의 차원이 아니라는 점을 간파했다. 여기에는 교회의 연합이 달려 있었다. 이 상황은 젊은 교인들에게 큰 거부감을 줄 수밖에 없었다. 리더들은 이 문제를 직접 다루면서 바쁨의 함정에 빠질 수도 있었다. 그래서 대신 존경을 받는 일곱 사람을 임명해서 분열의 문제를 비롯한 목회 전반을 다루도록 했다.

리더들이 직접 나서지 않은 이유는 가장 중요한 우선사항들에 집중하기 위해서였다. "우리는 오로지 기도하는 일과 말씀 사역에 힘쓰리라"(행 6:4).

이해했는가? 첫 교회의 리더들에게는 두 가지 최우선사항이 존재했다. 그것은 바로 하나님의 말씀을 가르치고, 기도에 전념하는 일이었다.

사도들이 계속해서 최우선사항에 집중한 덕분에 교회의 복음 전도는 일사천리로 이루어질 수 있었다. "하나님의 말씀이 점점 왕성하여 예루살렘에 있는 제자의 수가 더심히 많아지고 허다한 제사장의 무리도 이 도에 복종하니라"(행 6:7).

교회들이 더 열심히
기도하는 이유

분명 위기는 신자들로 하여금 더 많이 기도하게 만든다. 이번 팬데믹의 경우도 다르지 않다. 우리는 코로나19에 걸린 가족과 친구들을 위해서 기도했다. 수백만 명이 일자리를 잃은 경제적 위기를 위해 기도했다. 외롭고 낙심한 가운데서 이 고통에 대한 답을 찾는 이들을 위해 기도했다.

하지만 이 기도 운동 이면의 원동력은 눈앞의 위기보다 훨씬 더 깊고 광범위하다. 많은 교인들이 기도를 통해 자신의 목적을 발견해 가고 있는 것이 더 큰 요인이다. 예전에는 교인들이 주로 의무감에서 교회 활동과 기도를 했다.

모린(Maureen)은 이렇게 말했다. "예전에는 신앙생활을 하는 시늉만 했던 것 같아요." 모린은 30년 넘게 교회를 다닌 신자였다. "코로나19로 오랫동안 집에 갇혀 있으면서 생각하고 기도할 시간이 많이 생겼어요. 저는 우리 교회에서 규모가 큰 소그룹에 속해 있습니다. 우리는 교회를 위해 기도하고 서로의 기도 제목을 나누기 시작했습니다."

모린은 잠시 말을 멈추고 생각을 정리했다. "저희가 시작한 일이 자연스럽게 교회의 다른 그룹들로 확산되었습니다. 결국 우리는 페이스북 그룹을 만들었는데, 그때부터 그야말로 폭발적인 성장이 시작되었답니다."

모린의 목소리 톤이 점점 높아졌다. "페이스북 그룹은 지역 사회를 위한 기도의 통로였습니다. 방법은 아주 간단했죠. 사람들이 우리가 기도하는 모습을 보고 기도 요청을 했어요. 몸이 아픈 사람들을 위해서 정말 많이 기도했죠. 물론 코로나19에 걸린 사람들을 위해서도요. 감사하게도 우리가 기도해 준 사람 중에는 죽은 사람이 한 명도 없답니다."

모린의 말이 계속되었다. "어떻게 알았는지는 모르겠지만 시장님이 우리 기도 사역에 대해서 알게 되었어요. 시장님은 7년 동안 이곳의 시장으로 일하셨는데 시장님을 좋아하지 않는 사람은 거의 없답니다. 시장님이 우리 페이스북 페이지에 찾아와 지역 사회의 여러 가지 문제로 기도를 요청하자 반응이 정말 뜨거웠어요. 마치 우리 교회가 이 도시의 기도 부대가 된 것만 같았죠. 점점 더 많은 사람이 우리 페이스북 페이지에 합류해서 기도를 요청하거나 남들을 위해서 기도를 해 주었습니다."

모린은 다시 말을 멈추고 생각을 가다듬었다. "솔직히 오랫동안 저는 교회를 그저 종교적 활동들의 집합으로만 보았습니다. 항상 의무감으로 교회에 갔죠. 지금은 제가 바로 교회라는 것을, 최소한 제가 교회의 일부라는 것을 깊이 깨달았습니다."

모린의 미소는 자연스럽고도 전염성이 있었다. "다시는 교회를 예전처럼 보지 않을 것입니다. 제가 무슨 변화를 일으킬 수 있을까 생각했지만 지금은 저도 얼마든지 할 수 있다는 걸 알아요. 팬데믹과 폐쇄 기간이 저를 영적 잠에서 깨워 주었답니다."

모린은 마지막으로 힘을 주어 말하면서 대화를 마무리했다. "다시는 교회를 예전처럼 보지 않을 겁니다."

교회를 위한
현대의 로마의 길

우리 시대에는 모두가 디지털 기술을 이야기한다. 그렇다 보니 하나님이 전 세계에 복음을 퍼뜨리기 위해 오래전에도 첨단 기술들을 사용하셨다는 점을 망각하기 쉽다. 그런 기술 중 하나는 바로 로마의 도로 건설 기술이었다. 로마인들은 BC 312년 아피아 가도(Appian Way)에서 시작해서 장장 8만 킬로미터의 도로를 포함한 거대한 건설 프로젝트를 시작했다.

이 도로들은 첨단 기술의 경이였다. 작은 지방 도로도 있었지만, 대도시들과 군사기지들을 연결시키는 고속도로 같은 거대한 도로도 있었다. 대부분의 도로들이 놀랄 정도로 내구성이 뛰어났다. 심지어 돌을 깐 도로들은 수세기를 견뎌 오늘날까지 그대로 보존되어 있다. 대부분의 도로들이 배수를 위해 가운데가 약간 솟아 있고 양측으로 보도가 붙어 있었다. 로마의 도로들은 산과 강을 지나고 다리로 계곡을 넘어서 끝없이 이어졌다. 늪지대가 나타나도 뗏목을

엮거나 겹겹이 쌓은 기초 위로 길이 계속 이어졌다.[1] 비록 로마의 목적은 제국을 넓히는 것이었지만 이 도로의 뜻밖의, 하지만 가장 중요한 결과는 바로 남유럽과 소아시아 전역의 복음 전파를 촉진시킨 것이었다.

코로나19 팬데믹 기간에 디지털 기술의 도로는 기도 사역이 지나가는 주된 길이 되었다. 많은 사람이 줌(Zoom)을 통한 기도 모임에 참여하기 위해 온라인으로 모였다. 소셜 미디어는 기도 요청과 기도 응답의 간증을 위한 통로가 되었다. 스마트폰은 기도 사역을 위해 언제 어디서든 즉시 사용할 수 있는 도구였다.

디지털 기술이 악한 도구라고 주장하는 사람들도 있을 것이다. 이 문제에 관해서는 의견이 엇갈린다.[2] 분명 디지털 기술은 온갖 악하고 비극적인 방식으로 사용될 수 있다. 소셜 미디어를 조금이라도 접해 본 사람이라면 그 부정적이고도 어두운 영향을 감지했을 것이다.

하지만 첨단기술은 좋은 용도로도 사용될 수 있다. 사실, 첨단기술은 복음을 아직 접하지 못한 사람들과 장소로 가져가기 위한 현대의 로마 길이라고 할 수 있다.

1세기 로마의 길은 전쟁을 위해 사용되었다. 또한 그 길은 도둑과 강도들의 은신처였다. 온갖 종류의 극악한 거래가 그 길에서 이루어졌다.

하지만 그 길은 예수님의 첫 제자들이 부활의 복된 소식을 들고 지나갔던 길이기도 하다. 사도 바울이 선교 여행을 했던 길을 추적해 보면 그 길의 상당 부분이 로마의 길이었다.

모든 도구가 그렇듯 디지털 기술도 악하게 사용될 수 있다. 하지만 하나님은 그 기술을 선하게 사용하신다. 폐쇄 기간은 단순히 교회들이 온라인 예배를 방송하는 법을 배운 기간이 아니다. 그 기간은 많은 새로운 사역이 폭발적으로 성장한 기간이기도 하다. 전에는 교회의 이름도 들어보지 못한 사람들이 복음을 듣게 되었다.

앞서 말했듯이, 무엇보다도 디지털 세계에서 기도 사역이 전에 없이 큰 힘을 발휘하고 있다. 물론 교회들이 예전처럼 모이고 익숙한 리듬으로 돌아가려고 하면 이런 사역의 영향력은 줄어들 수밖에 없다. 열심과 열정이 줄어들 것이다. 하지만 교회는 폐쇄 기간에 해제 이후의 시대를 준비하면서 사용했던 도구들을 버리지 않을 것이다. 예전과 똑같아질 수는 없다.

폐쇄 해제 이후 시대는 광범위하고도 강력한 기도의 시대일 것이다. 이 기회를 놓치는 것은 곧 하나님의 분명한 역사를 놓치는 어리석은 일이다.

기도 사역의
실례들

교회의 사역은 늘 성쇠를 반복하였다. 기도 사역도 예외는 아니다. 간단히 말해, 합심기도의 열정이 고조되는 때가 있고 열기가 식는 때도 있을 것이다. 폐쇄 조치가 해제되면서 기도에 관한 관심과 열정이 전에 없이 강하게 나타났다. 첫 열정은 지속적이고도 장기적인 결단으로 이어져야 한다. 그러기 위해서 교회들은 기도를 장려하기 위한 더 체계적인 방안들을 마련할 필요가 있다.

기도의 틀을 어떻게 마련해야 할까? 어떤 교회들은 기

도할 공간을 따로 두고 있다. 하지만 안타깝게도 기도실은 빈 채로 방치되는 경우가 많다. 기도실을 창고로 사용하던 한 교회를 컨설팅했던 적이 있다. 점검해 보니 이 교회는 기도를 전혀 중요하게 여기지 않고 있었다.

아칸소 주의 한 교회는 내가 본 그 어떤 교회보다도 기도에 초점을 맞추고 있었다. 이 교회는 24시간 기도 릴레이를 10년 동안 이어오고 있었다. 각 사람이 자신의 기도 시간이 끝나면 다음 사람에게 전화를 했다. 예를 들어, 목요일 새벽 2-3시까지 기도를 하는 사람은 3시에 다음 사람에게 전화를 걸었다.

우리 팀이 시작한 기도 사역 방식은 전 세계적으로 많은 교회에서 사용되고 있다. '기도하고 가라'(Prayer and Go-prayerandgochurch.com)라는 명칭의 이 사역은 지상명령과 모든 신자가 기도하라는 그리스도의 명령을 결합하려는 시도다.

개념은 간단하다. 교인들이 동네를 다니면서 지나치는 집들을 위해서 기도한다. 기도한 뒤에는 그 집의 문에 누군가가 기도해 주었다는 표시를 남긴다. 그렇게 되면 그 집의 주인은 교회에 나오거나 교회에 기도를 요청하게 될 수 있다. 이 사역은 누구나 할 수 있다.

기도 사역 성공의 열쇠는 세 가지다. 첫째, 교회 리더들은 기도를 교회의 최우선사항으로 유지하기 위해 늘 신경을 써야 한다. 폐쇄 기간에서 해제 이후 기간으로 넘어간 뒤에도 기도의 열풍은 여전했다. 이 운동력은 고통스러운 기간에 하나님이 교회에 주신 선물이다. 이 운동력을 계속해서 이어가고 더욱 강화시켜야 한다.

둘째, 교회 리더들은 기도 열정의 불이 꺼지지 않도록 주기적으로 불을 지펴야 한다. 성쇠가 반복된다는 현실을 잊지 말라. 강한 열정으로 시작된 일이 저절로 지속되지는 않는다. 안타깝게도 대부분의 교회 리더들이 결국 바쁨의 함정에 빠져 기도의 열정을 잃어버린다. 따라서 주기적으로 기도의 중요성을 되새기고 강조해야 한다. 1년에 한 번씩이라도 교인들이 합심하여 기도하는 시간을 가져야 한다.

예루살렘의 첫 교회에 관한 이야기를 가슴에 새기길 바란다. 예루살렘 교회는 기도와 지상명령에 대한 집중력을 잃을 뻔했다. 헬라 과부들과 히브리 과부들을 둘러싼 분열

이 심해졌다. 교회 안에 "원망"이 가득했다(행 6:1).

이 문제에 대한 해법도 기억하라. 물론 과부들은 교회의 도움을 필요로 했다. 이에 교회 리더들은 이 일을 남들에게 위임함으로써 문제를 해결했다(행 6:3, 5-6).

사도들은 다른 사역들을 챙기면서도 기도와 말씀 선포라는 두 가지 우선사항에 대한 초점을 잃지 않았다. 덕분에 교회의 가장 중요한 것들에 집중할 수 있었다. 그 결과 "제자의 수가 더 심히 많아"졌다(행 6:7).

셋째, 교인들이 기도하면서 기다리도록 해야 한다. 매번 당장 분명한 응답이 나타나는 것은 아니기 때문이다. 아브라함과 사라는 약속된 아들을 얻기까지 오랜 세월을 기다려야 했다. 교인들에게 하나님의 보이지 않는 역사를 늘 상기시켜 주어야 한다. 기도라는 우선사항을 잊지 말라. 쉬지 말고 기도하라.

코로나가

교회에 미친 영향

특별한 경우를 제외하고 역사의 지표들은 한참 뒤에야 윤곽을 드러낸다. 대부분의 경우 역사가 어떻게 흘러가고 있는지를 그 순간에는 분명히 알 수 없다.

코로나 팬데믹의 경우도 그렇다. 하나님이 폐쇄 해제 이후 시대를 어떻게 펼쳐가고 계신지에 대해서 우리는 추측만 할 수 있다. 하지만 몇 가지 초기 신호들로 판단해 볼 수는 있다. 좋은 신호와 나쁜 신호가 있다. 부정적인 관점에서 보면 많은 교회가 문을 닫고 있는 현실이 눈에 들어온다. 많은 교회가 이미 쇠퇴의 길에 접어들었는데 팬데믹이 그 교회들의 죽음을 가속화시켰다. 이 교회들의 죽음은 이미 썩고 있던 뿌리에 코로나19가 결정타를 입힌 것일 뿐이다.

긍정적인 측면을 보자면 많은 교회들이 더 강한 결단력을 품게 되었다. 더 중요한 점은 하나님을 더욱 의지하게 되었다. 이런 교회는 이전보다 강하고 효과적으로 변신할 것이다. 그리고 이런 교회 덕분에 다른 많은 교회도 긍정적인 변화를 경험할 것이다.

폐쇄 초기에는 많은 교회 리더와 교인들이 재정적인 어려움을 걱정했다. 사역을 더 이상 지속할 수 없을 것이라는 우려의 목소리가 곳곳에서 터져 나왔다. 실제로 그런 경우도 많았지만, 다 그렇지는 않았다. 오히려 많은 교회가 재정적으로 더욱 단단해졌다.

또 다른 중요한 사실은 많은 교회가 적응과 혁신의 본보기를 보여 주었다는 것이다. 규모와 지역을 막론한 많은 교회에서 창의성이 반짝였다. 이런 교회는 단순한 회복력을 넘어 강한 추진력을 보여 주었다. 폐쇄 해제 이후 시대에 많은 교회가 이미 유의미한 열매들을 거두고 있다.

내가 가장 주목하는 현상 중 하나는 기도의 열정이 강해지고 있다는 것이다. 팬데믹 기간에 많은 교회가 기도를 최우선시하는 모습을 보여 주었다. 이 분위기가 계속 지속될 것인가?

무엇보다도 팬데믹이 전 세계적인 새로운 영적 각성의 출발점이 될 것인가? 하나님이 기도의 운동을 통해 우리 땅에 진정한 부흥을 가져오실까? 그 답은 오직 시간만이 말해

줄 것이다.

하지만 지금 하나만은 분명하다. 하나님은 기도하는 교회들을 원하신다. 하나님은 기도하는 사람들의 기도에 응답하신다. 강력한 영적 각성이 나타날지는 시간이 지나야 알 수 있지만, 그 전까지 우리는 교회들이 기도하는 교회들이 되기 위해 최선의 노력을 해야 할 것이다.

폐쇄 기간 동안 우리는 기도가 새로운 차원으로 올라서는 현상을 목격했다. 우리가 계속해서 순종하며 기도의 집이 된다면, 우리 교회들에 진정한 기도의 모습이 계속해서 나타난다면, 하나님이 그 어느 때보다도 이번 팬데믹을 통해 강하게 역사하시리라 믿어 의심하지 않는다.

chapter 5

도전 5
교회 시설

나를 위한
교회에서 벗어나,
우리 모두를 위한 교회가 되다

우리 팀은 30년 넘게 수많은 교회에 컨설팅 서비스를 제공해 왔다. 그렇다면 나에 관해서 두 가지 결론을 내릴 수 있을 것이다. 첫째, 나는 경험이 아주 많다. 둘째, 나는 나이가 아주 많다. 둘 다 맞는 말이다. 우리는 수백 번의 현장 컨설팅과 수천 번의 전화 컨설팅을 진행했다. 최근에는 화상 컨설팅 서비스까지 추가했다.

모든 교회가 다르지만 공통점도 많다. 사실, 우리는 꽤 많은 패턴을 발견했다. 한 목사는 내가 그 교회의 현장 컨설팅 첫날에 이미 결론을 내린 줄 알 정도였다. 실제로 그렇지는 않았지만 내가 첫날에 한 추측이 상당 부분 맞아떨어졌다.

교회들 사이에는 공통된 패턴이 있다. 최근의 한 컨설팅이 생각난다. 1장에서 이미 소개했던 교회이다. 그 교회 이야기를 좀 더 해 보도록 하겠다.

그 교회는 8년 동안 서서히 쇠락했다. 어느 한 해에 급격히 쇠락한 것은 아니었지만 수년 동안 여파가 쌓이다 보니 리더들과 교인들이 모두 낙심해 있는 상태였다.

출석 교인의 수가 줄기 시작한 지 5년째, 리더들은 오래된 구식교회 시설들이 문제라는 결론을 내렸다. 사실, 예배와 소그룹 활동을 위한 공간은 충분했다. 다만, 시설이 주민들의 호응을 얻지 못하는 것으로 보였다.

이에 교회는 수백만 달러를 들여 리모델링 공사를 시작했다. 다행히 교인들이 적극적으로 참여해 헌금을 했기 때문에 많은 빚을 지지는 않았다.

그렇게 예배당이 새롭게 탄생했다. 교제실과 식당도 완전히 탈바꿈했다. 사무실과 교실이 몰라보게 좋아졌다. 리모델링의 백미는 헬스클럽과 다양한 모임에 유연하게 활용될 수 있는 공간을 갖춘 센터 건물을 지은 것이었다.

공사가 완성되고, 헌당 예배가 이어졌다. 이제 교회 리더와 교인들은 더 많은 사람들이 찾아오기만 기다렸다. 하지만 하락세는 전혀 줄어들지 않았다. 교회 리더들은 당황하고 좌절했다. 새로운 시설이 쇠퇴의 해법이라고 그토록 확신했건만 완전 오판이었다. 결국 그들은 우리 팀에 전화를 걸었다.

시설 리모델링이 그 교회 성장 전략의 핵심이었기 때문에 나는 두 팀원과 함께 교회의 시설을 살펴보기로 했다. 그 교회의 장로님이 자랑스러운 표정으로 우리를 안내해 주었다.

시설은 정말 훌륭했다. 어디 하나 흠잡을 만한 곳이 없었다. 센터 건물은 번쩍거리고 더없이 편리해 보였다. 새 건물에 들어가던 도중에 나는 책상 위에서 두툼한 책 한 권을 발견했다. 제목이 한눈에 들어왔다. "교회 시설 사용을 위한 정책과 절차"였다. 내가 한번 봐도 되겠냐고 묻자 장로님은 흔쾌히 허락해 주었다.

책을 읽은 후 나는 깜짝 놀랐다. 마치 관공서의 문서를 읽는 느낌이었다. 건물 사용에 관한 규정이 끝이 없었다. 모든 규정을 일일이 기억하기도 힘들 정도였다. 하지만 한 가지 조항이 특히 눈에 들어왔다. 내 기억이 정확하다면 이런 조항이었다. "외부인은 교인의 손님이 아니면 건물을 이용할 수 없다. 교인이 방문객과 계속 동행해야 한다." 저런!

장로에게 왜 이런 규정을 마련했느냐고 물었더니 예상

했던 답변이 돌아왔다. 그는 찾아오는 주민들이 "건물을 망가뜨리기" 때문이라고 했다. 그래서 교회는 누구나 따를 수 있는 몇 가지 단순한 규칙만 정하지 않고 외부인이 들어올 수 없도록 복잡하고 엄격한 규칙을 만들었다. 오래 지나지 않아 외부인들은 모두 그 교회에 발길을 끊었다.

새로운 마음가짐이
중요하다

그 교회의 문제점은 단순히 시설 주변에 보이지 않는 벽을 세운 것만이 아니었다. 진짜 문제점은 바로 그 교회의 마음가짐이었다. 그 교회는 내부로 초점이 향해 있었다. 그 교회는 배타적인 사교 모임으로 전락했고, 교인들만 특권을 누렸다. 모든 프로그램과 자원, 시설이 사실상 모두 내부인들만을 위한 것이었다. 지상명령은 온데간데없이 사라졌다.

우리의 모든 컨설팅이 원하는 결과나 반응으로 이어지

는 것은 아니다. 하지만 이번 컨설팅은 더할 나위 없이 좋은 결과로 이어졌다. 리더들은 새로운 마음가짐을 기르지 않으면 계속해서 내리막길을 걸을 수밖에 없다는 우리의 진단을 마음 깊이 새겼다. 담임목사는 새로운 방향으로 가는 데 매우 중요한 선언을 했다. "우리는 교회의 허울을 쓴 친목 동아리로 변질되었습니다."

현장 컨설팅 후에 우리는 교회가 그 상황을 극복하도록 도왔다. 무엇보다도 대부분의 교인들의 마음을 바꾸기 위해 노력했다. 그들은 교회가 자신들의 취향대로 운영되는 것에 만족하고 있었다. 그들은 교회를 자신들의 뜻대로 이용하기만 원했다.

여러 난관을 만났지만 리더들은 정한 방향으로 계속해서 나아갔다. 그러자 교회는 점점 외부 지향적으로 변하기 시작했다. 초기에는 주로 교회 시설에 관한 새로운 마음가짐을 기르는 데 초점을 맞추었다. 그런 변화는 새로운 센터를 자신들만의 놀이터로 여겼던 일부 교인들의 반감을 샀다.

목사는 나와의 화상 통화를 통해 시설을 주민들에게 개

방한 것이 성장세를 촉발시킨 요인이 되었다고 고백했다. 교회 건물들, 특히 센터는 그 교회가 내부 지향적이라는 점을 가장 분명하고 보여 주고 있었다. 리더들은 이 건물들의 사용 방식을 바꾼 뒤에 곧바로 외부 초점으로 가기 위한 다른 조치들을 취했다.

건물이 교회가 아니라 사람들이 교회라는 말들을 많이 한다. 하지만 사람들이 물리적인 공간에서 교회로 모이는 것만큼은 사실이다.

나는 교회 출석을 중시한다. 건물이든 집이든 공터든 교회가 모이는 것은 신앙생활의 중요한 일부다. 나는 자주 반감을 일으키는 "교회에 간다"라는 표현도 서슴없이 사용한다. 물론 신학적으로 정확히 한다면, '교회로 모이기' 위해서 간다고 해야 할 것이다.

사실, 교회 시설을 잘 사용한다면 좋은 점이 많다. 물론 너무도 많은 교회가 자신들의 건물 청지기 역할을 제대로 하지 못하고 있다. 많은 교회 건물의 가동률은 대학 미식축구 스타디움만큼이나 나쁘다. 주중에는 대부분의 교회 시설이 텅텅 비어 있다.

하지만 교회 건물이 꼭 이럴 필요는 없다. 많은 교회 리더들이 "교회에 간다"라는 표현을 놓고 입씨름을 벌이는 대신, 자신들의 시설을 강력하고 유용한 사역의 도구로 사용할 수 있다는 점을 인식하고 있다. 그러려면 먼저 마음가짐의 변화가 이루어져야 한다.

1장에서 말했듯이 이 교회의 리더와 교인들은 폐쇄 기간 중에도 물리적 시설과 상관없이 교회가 여전히 존재한다는 사실을 깨달았다. 이 교회는 상대적으로 새로운 디지털 도구들 덕분에 각자 멀리 떨어진 곳에서도 함께 예배를 드릴 수 있었다. 교인들은 함께 기도하고 성경을 공부하고 다른 사람을 섬길 수 있었다.

역설적이게도 이 교회의 리더와 교인들은 팬데믹 기간에 교회가 건물 없이도 많은 열매를 맺을 수 있다는 사실을 배우면서도 폐쇄 조치로 인해 들어가지 못한 시설들을 그리워하기 시작했다. 건물은 반드시 필요한 것은 아니지만 사역을 위한 유용한 도구가 될 수 있다.

팬데믹은 교회 시설에 관한 마음가짐의 변화를 가져왔다. 교회 시설이 사역을 위해 반드시 필요한 것은 아니지만 하나님의 영광을 위해 사용될 수 있는 귀한 자원임에는 틀림없다.

폐쇄 해제 이후 교회는 시설 사용에 관해 다시 생각하고 있다. 교회 문을 열고 모임을 가지기 시작한 지금도 이 방향으로의 분명한 변화들이 이어지고 있다.

지역 사회를 위한
시설

최근 몇몇 교회 리더들과 함께 재미있는 실험을 해 보았다. 모든 목사들에게 각자가 속한 지역 사회에 관한 인구통계 및 사이코그래픽스(psychographics, 개인의 라이프스타일 분석) 보고서를 주었다. 지역 사회는 교인들이 차를 타고 교회까지 오는 일반적인 시간을 기준으로 정의했다. 대부분의 차량 이동 시간은 10분이었다.

우리는 '당신의 지역 사회를 알라'(Know Your Community- churchanswers.com/solutions/tools/know-your-comminuty/에서 찾을

수 있다)라는 우리 팀의 유용한 도구를 사용했다. 교회 리더들의 과제는 간단했다. 각자 자신이 속한 지역 사회의 인구 통계와 사이코그래픽스를 살펴 지역 사회의 복음화를 위해 교회 시설을 사용할 5가지 방법을 찾아내는 것이었다. 인구통계는 나이, 소득, 성, 인종 같은 주민들의 통계적 특징들을 말한다. 사이코그래픽스는 주민들의 태도와 포부, 행동을 분석한 것이다. 우리는 목사들에게 이 점을 다시 확인시켜 주었다.

목사들은 1시간 동안 각자 지역에 관한 데이터를 주의 깊게 살펴보았다. 그들이 새로운 가능성에 마음을 열면서 방 안의 열기가 뜨거워지는 것을 느낄 수 있었다.

모두 다시 모였을 때 나는 이 활동의 목적이 교회 시설에 관한 마음가짐을 바꾸는 것이라고 설명했다. 그런 변화의 열쇠는 교회 건물을 교인들이 아닌 '지역 사회'의 관점에서 보는 것이다. 물론 교회 건물은 교인들이 사용하는 것이기도 하다. 하지만 대부분의 교회가 시설을 지역 사회 전체의 시각에서 보지 못하고 있다. 이 목사들의 반응은 더없이 고무적이었다.

오클라호마 주에서 온 마빈(Marvin) 목사는 교회 근처에 젊은 가족들이 많이 산다는 사실을 이미 알고 있었다. 그런데 12세 이하 아이들의 숫자가 전국 평균의 2배에 달한다는 사실을 그때 처음 알고서 충격을 받았다. 그의 교회는 젊은 가족들을 위한 선교에 특별히 초점을 맞춰 본 적이 없었다.

마빈은 잔뜩 흥분한 얼굴로 말했다. "우리는 두 가지 이점이 있습니다. 우선, 정말 훌륭한 아동 사역자가 있지요. 아동 사역과 아이들을 정말 사랑하는 분이랍니다."

마빈의 말이 계속되었다. "매년 4주 동안 진행되는 부모 데이트의 밤 프로그램도 큰 이점이죠. 우리 교회의 젊은 부모들이 이 프로그램으로 큰 도움을 받고 있습니다."

마빈은 빙그레 웃으며 말을 이어갔다. "하지만 이 사역을 믿지 않는 지역 주민들에게 확대할 생각은 해 보지 못했습니다. 항상 우리 교인들만 염두에 두었죠. 크게 손을 보고 할 것도 없습니다. 그냥 이 두 사역을 교인들만을 위한 사역에서 지역 사회를 위한 사역으로 전환하기만 하면 되겠네요."

새크라멘토 근처에서 목회하는 앤드류(Andrew)는 특히 안타까운 이야기를 나누었다. 자기 지역의 인구통계를 살피는 그를 가만히 보니 눈에서 눈물이 뚝뚝 떨어지고 있었다. 걱정이 된 나는 괜찮으냐고 물었다.

앤드류가 떨리는 손으로 보고서의 한 부분을 가리켰다. "여길 보세요. 우리 교회에서 차로 불과 12분 거리 안에 싱글맘이 얼마나 많은지 보세요. 그들이 얼마나 힘들지 상상해 보세요."

앤드류는 말을 멈추고 깊은 숨을 내쉬었다. "제가 이 교회에 부임한 지 5년이 되었지만 이 싱글맘들을 위해 한 것이 '단 하나도' 없습니다. 선교지를 코앞에 두고도 완전히 놓쳤습니다."

앤드류는 이 싱글맘들에게 다가가기 위한 몇 가지 후보 사역을 나열하기 시작했다. "아무래도 아이 돌봄 서비스가 시급해 보입니다. 저희 교회에 어린이집이나 유치원은 없지만 마빈 목사님이 말씀하신 부모 데이트의 밤 같은 것들을 시도하겠어요. 방과 후 돌봄 서비스도 가능할 것 같습니다. 가능성은 무궁무진해요. 아, 일단 싱글맘들에게 무엇을 원하는지부터 물어봐야겠습니다."

플로리다 주에 있는 릭(Rick)의 교회는 꽤 노령화되어 있었다. 그것은 교회에서 10분 거리에 플로리다 주 최대의 은퇴촌 중 하나가 있었기 때문이다. "전혀 몰랐던 사실은 아닙니다만 우리 시설로 나이 많은 베이비붐 세대를 섬길 생각은 전혀 해 보지 못했네요. 지금 제 머릿속이 온갖 아이디어로 정신없이 움직이고 있습니다. 우리 지역이 주로 노년층으로 이루어져 있다면 우리 시설을 그들을 위해 사용하는 것이 너무도 당연합니다."

팬데믹 기간에 이런 유형의 대화가 폭발적으로 늘어났다. 이제 폐쇄 조치가 해제된 지금, 다시 교회들은 진심을 다해 묻고 있다. 지역 사회를 섬기기 위해 우리 시설들을 어떻게 사용할 수 있을까? 좋은 질문이다.

지역 사회와의
파트너십

세상이 폐쇄 조치에서 점점 벗어나고 더 많은 활동이

재개되면서 교회와 지역 사회 단체들 사이의 시설 파트너십이 늘어나고 있다. 오랫동안 이 운동은 많은 흑인 교회가 주도해 왔지만 대부분의 교회들은 여러 가지 이유로 이런 관계를 회피해 왔다.[1]

가장 흔한 이유는 지식이나 경험의 부족이다. 대부분의 북미 교회는 시설을 외부 집단과 공유해 본 적이 없었다. 다시 말해, 이는 전에 한 번도 해 보지 않은 일이었다.

우리 팀은 교회 리더들에게서 특히 비영리 단체인 교회와 영리 집단인 사업체 사이에는 이런 파트너십이 불가능하다는 말을 자주 듣는다. 일반적인 두려움은 비영리 단체라는 정체성을 잃을지 모른다는 것이다. 물론 시작하기 전에 먼저 법적 재정적 자문을 구해야 하겠지만 이런 파트너십이 불가능하다는 것은 전혀 틀린 말이다. 사실, 지금까지 적지 않은 교회가 자신의 시설을 외부 집단과 합법적이고, 윤리적으로 나누어 왔다.

정부와의 파트너십도 가능하다. 앞서 말했듯이, 최근 건물의 상당 부분을 경찰 시설로 내어 준 교회에 다녀온 적이 있다. 반대로, 많은 교회, 특히 개척 교회들이 공립학교에서 예배를 드려왔다. 이번에는 학교들이 교회 시설을 사용하게 해 주어야 할 차례가 아닐까?

예로부터 많은 교회 리더들이 비영리 단체들과 공간을 함께 사용해 왔다. 특히, 서로의 사역이 시너지 효과를 낸다면 함께하지 않을 이유가 없다. 앞으로 이런 종류의 관계가 더욱 늘어나리라 예상한다.

현실을 냉엄하게 말하자면, 대부분의 교회가 자신의 시설을 너무도 비효율적으로 사용하고 있다. 있는 그대로 말하자면, 이는 형편없는 청지기의 모습이다. 대부분의 교회가 수백만, 수천만 달러 가치의 땅과 건물을 주중에는 거의 놀리고 있다. 다행히 이런 오랜 관행이 마침내 변하고 있다. 팬데믹 이전에도 변화의 조짐이 보였었다. 하지만 이제 한동안 시설 없이도 살아남은 교회들은 이런 변화의 필요성, 나아가 가치를 더욱 분명하게 인식할 것이다. 평균 10퍼센트의 가동률을 계속 이어갈 수는 없다.

"건물 없이도 교회가 유지될 수 있다면 건물을 더 효과적으로 사용하기 위해 애쓰지 않을 이유가 없습니다. 교회 건물을 사역을 위한 도구로 봐야 합니다." 위스콘신 주에서 온 한 목사는 우리에게 그렇게 말했다. 이런 도구를 사용하기 위한 쉬운 방법 중 하나는 다른 단체들이 사용하게 빌려주는 것이다.

이런 트렌드는 비용을 나누려는 의도에서 비롯한 측면도 없지 않다. 하지만 단순한 비용 절감을 넘어 재정적인 청지기 정신으로 나아가야 한다. 교회 리더들은 지역의 단체들과 시설을 공유하는 것이 지역 주민들에게 진정으로 다가가기 위한 좋은 방편 중 하나임을 알아야 한다.

지역 사회가 사용할 수 있도록 교회 시설의 문을 열면 당연히 지역 사회가 '교회에 오게' 된다. 따라서 이런 파트너십은 더없이 좋은 복음 전도의 기회가 된다.

폐쇄 해제 이후의
예배당

1장에서 나는 물리적 예배당에 관한 논의를 시작했다. 이 논의를 확장해 보자.

반세기 동안 성전 혹은 예배당의 크기는 교회의 성공과 건강을 가늠하는 척도로 여겨져 왔다. (1945년 이전에 태어난) 빌더세대(Builder)와 (1946-1964년 사이에 태어난) 베이비붐세대 (Boomer)의 목사들을 중심으로 더 크고 좋은 건물을 지으려는 경쟁이 벌어졌다.

아무 교회의 웹사이트나 들어가서 지난 50년간의 연혁을 읽어 보라. 대개 새로운 건축이나 시설 개장, 더 큰 건물로의 이전이 중요한 역사적 이정표로 나와 있을 것이다. 교회에 관해서 전혀 모르는 사람이 이런 연혁을 읽으면 가장 크고 좋은 건물을 가진 교회가 가장 성공한 교회라는 결론을 내리기 십상이다.

많은 대형 교회가 한 번에 수천 명이 앉아서 예배를 드릴 수 있는 시설을 건축했다. 그리고 이런 교회는 세계 최고라는 찬사를 받았다. 그러나 시류가 변했다.

일부 변화는 종교에 관한 문화적 변화였다. 세상이 세속적으로 변하면서 교회에 가는 사람이 줄어들었다. 일부 변화는 교인들의 열정이 약해진 탓이었다. 한 달에 4번씩 교회에 오던 교인들이 한 달에 겨우 2번 정도만 오기 시작했다. 또 일부 변화는 취향적인 변화였다. 사례들을 보면 X세대와 밀레니얼 세대, Z세대는 비전통적인 예배를 선호한다. 오직 베이비붐 세대만 '큰 상자' 안에 옹기종기 모이는 전통적인 예배를 좋아하는 듯하다.

많은 대형 교회가 멀티 교회와 멀티채널 방식을 통해 몸집 줄이기에 적응했다. 그래서 요즘 성장하는 대형 교회치고 멀티 교회가 아닌 교회를 보기 힘들다. 작은 교회들도 멀티 교회로 가는 추세이다.

그러던 차에 팬데믹이 오면서 유형과 규모를 막론한 모든 교회가 더 이상 건물 안에서 모일 수 없게 되었다. 대부분이 온라인 예배로 잘 전환했지만, 격리 해제 기간은 교회 시설을 예배에 어떻게 사용할지 다시 생각할 시간과 이유를 제공했다. 많은 리더가 '통상적인' 예배의 시대는 갔다는 사실을 깨달았다. 주일 아침에 2-3시간의 예배는 농경 사회에는 잘 통했지만 그런 시대는 간 지 오래되었다. 오늘날 대부분의 교회에 농부들은 그리 많지 않다.

또한 교회 리더들은 대면 예배로 돌아갈 때 창의력을 발휘해야 한다는 점을 깨닫기 시작했다. 사회적 거리두기로 수용 인원이 대폭 줄어들었고 최소한 한동안은 이 상태가 지속될 수밖에 없기 때문에 리더들은 예배에 관해 다시 생각할 수밖에 없었다.

많은 교회에서 성전 혹은 예배당 사용에 관한 시각의 전환이 나타났다. 대면 예배가 재개되던 초기에 가장 흔한 (아마도 가장 덜 창의적인) 해법은 예배 횟수를 늘리는 것이었다. 물론 아무리 간단한 변화라도 고통을 동반한다는 사실을 모든 리더가 잘 알고 있다.

초기에 나타난 다른 두 가지 해법도 쉽게 눈에 들어온다. 첫째, 많은 교회가 주일 아침 예배만 고수할 필요가 없다는 결론을 내렸다. 마침내 이 교회들은 일하는 성인의 3분의 1이 주일 아침에 근무한다는 인구통계적 현실을 반영하기 시작했다.[2]

둘째, 폐쇄 기간에 시작되거나 늘어난 온라인 예배는 사라지지 않을 것이다. 교회 리더들은 계속해서 디지털 예배와 온라인 예배를 적절히 병행해야 할 것이다. 가장 분명한 사실은 팬데믹이 교회 리더들에게 물리적 시설의 사용을 포함해서 '모든 것'에 관해 다시 생각할 기회를 제공했다는 점이다. 이 기회를 나는 '백지 상태'에서 다시 시작할 기회라고 부르고 싶다.

하지만 교회 리더와 교인들이 지금까지 해 온 모든 것에 대하여 다시 생각하지 않는다면 이 귀한 기회를 허비하게 될 것이다. 하나님은 우리가 백지 위에 교회의 새로운 역사를 쓰기를 기다리고 계신다.

chapter 6

도전 6
변화의 속도

코로나 이후의
교회를 위한다면,
계속 변화하라

교회는 새로운 시대에 접어들었다. 물론 교회는 이미 새로운 시대를 향해 가고 있었지만 팬데믹으로 그 속도가 급격히 빨라졌다. 코로나19 바이러스가 아니었다면 우리가 지금처럼 사역에 대하여 다시 생각하고 도구들을 새롭게 사용하기까지는 적어도 5년은 더 걸렸을 것이다. 하지만 변화가 급속도로 이루어졌다. 우리는 이 사실을 이해하고 받아들여야 한다.

팬데믹으로 인한 변화의 속도는 매우 극적이었다. 많은 리더들이 이 새로운 환경에서 교회를 어떻게 이끌어야 할지 몰라 갈팡질팡하고 있다. 교인들도 교인들대로 혼란과 두려움에 휩싸여 있다. 상황은 어디로 흘러가게 될 것인가?

이 시점에서 미래를 정확히 알 수 있는 사람은 아무도 없다. 사실, 과거의 일상과 비슷한 모습에 도달하기까지 수년이 걸릴 수도 있다. 지금 우리는 지도에도 없는 바다를 항해하고 있으며, 매일같이 새로운 도전이 눈앞에 나타나고 있다. 교회를 성공적으로 이끌려면 선회해야 한다. 가면서 수시로 변화를 단행해야 한다.

정말 듣기 싫은 말인 줄 알지만, 폐쇄 해제 이후 시대에 교회를 성공적으로 이끌려면 안개 속을 헤쳐 나가야 한다. 많은 불확실성 속에서 교회를 이끌 수 있어야 한다.

한 가지는 분명해졌다. 옛 기대와 시각과 방법으로는 더 이상 교회를 성공적으로 이끌 수 없다는 점이다. 새로운 시대는 새로운 방법을 요구한다. 하나님이 보내 주신 사람들을 성공적으로 목회하려면 새로운 접근법을 받아들여야 한다.

하지만 변화의 필요성을 더 자세히 살펴보기 전에 한 걸음 뒤로 물러서서 변하지 않는 두 가지를 다시 마음에 새기자. 그것은 바로 하나님의 지혜와 신실하심이다. 하나님이 무엇을 마련하셨는지 우리는 다 알 수 없지만 이 상황도 온전히 하나님의 손 안에 있다.

지금 주저하고 있는가? 심지어 당장이라도 변화를 향해 뛰어들 채비를 하고 있다면 잠시 옛 사도들이 교회 초기 극심한 변화의 시기에 어떻게 대처했는지를 기억하자. 그들은 기도와 말씀에 전념했다.[1] 무엇을 하더라도 '기도'와 '하나님의 말씀'이 최우선이 되어야 한다.

앞으로 불확실한 나날이 펼쳐질 때 아마도 리더들은 전과 다른 방식으로 교회를 이끌어야 할 것이다. 매일같이 기존의 결정을 다시 분석해서 새로운 결정을 내리기를 반복해야 할 것이다.

지금까지 당신이 만날 가능성이 높은 난관들을 다루어 보았다. 하지만 무엇이 우리를 기다리고 있는지를 완전히 파악하기에는 아직 이르다. 그래서 이번 장에서는 변화라는 주제에 관해서 논하도록 하겠다. 지금까지는 변화될 가능성이 높은 것들을 살펴보았지만 이제 그런 변화 속에서 어떻게 교회를 이끌어야 할지에 관한 이야기를 나누어 보자.

변화를 이끌 때
피해야 할 장애물들

변화를 이끄는 것과 관련한 몇 가지 중요한 문제를 검토해 보자. 목사든 사역자든 평신도 리더든 열심 교인이든 교회의 큰 변화들을 다룰 준비가 되어 있어야 한다. 사실, 변화의 장애물이라고 해서 새로운 것은 아니다. 그것들은 예전부터 존재해 왔다. 다만 팬데믹 이전보다 이후에 이런 장애물에 대한 경고가 훨씬 더 필요하다.

먼저 긴박성의 부재이다. 폐쇄 기간에 교인들은 긴박하게 반응해야 할 필요성을 기꺼이 받아들였다. 대면 예배에서 온라인 예배로 하루아침에 전환되었으니 긴장할 수밖에 없었다. 많은 교인들이 소그룹을 위한 새로운 형식도 재빨리 받아들여야 했다. 많은 교인이 복잡한 화상 회의 방식을 몇 시간 만에 배웠다. 긴박성이 필요했고, 대부분의 교인들이 긴박하게 반응했다.

현재 일부 교인들은 교회가 과거의 상태로 돌아가기를 기다리고 있다. 하지만 그럴 일은 없다. 향후 몇 년간은 새로운 일상이 어떤 모습일지 알기 힘들기 때문에 교회 리더들은 계속해서 긴박성을 유지하며 교회를 이끌어야 한다. 교회가 새로운 선교지에 있으며 한동안 이 새로운 선교지를 탐구해야 한다는 점을 교인들에게 이해시켜야 한다. 요컨대, 과거의 방식대로 할 수는 없다.

영향력 있는 협력자들을 얻지 못하는 것도 문제이다. 이 격변의 시대를 누구도 홀로 헤쳐 나갈 수 없다. 모두가 함께 변화를 헤쳐 나갈 영향력 있는 협력자들을 찾아야 한다. 협력자 없이 홀로 새로운 길을 뚫고 나가는 리더는 사실 리더라고 말할 수도 없다. 따르는 사람이 없는데 무슨 리더란 말인가.

분명한 비전의 부재도 생각해 볼 문제이다. 교회들 안에서 비전의 개념이 급속도로 변하고 있다. 특히, 시간 단위와 관련된 변화가 두드러진다. 교회 리더들은 3이나 5, 10년 단위의 비전을 선포하는 데 익숙하다. 하지만 그런 방식은 더 이상 통하지 않는다. 폐쇄 해제 시대에는 월 단위로 비전을 던져야 한다. 간단히 말해, 지금 우리는 1년 뒤도 예측할 수 없다.

이것이 분명한 비전을 가지고 교회를 이끌려는 리더들에게 무엇을 의미하는가? 이는 단기적인 프로젝트를 추진하고 그것에 관한 분명하고도 매력적인 비전을 던지는 능력을 향상시켜야 한다는 뜻이다. 다시 말해, 단기적인 승리를 거두지 못하면 변화를 효과적으로 이끌어 낼 수 없다. 잠시 이 문제를 좀 더 자세히 살펴보자.

단기적인 승리를 이끌어 내지 못하는 것도 문제이다. 교회는 큰 격변과 불확실성의 시대로 접어들고 있다. 누구도 한 번에 몇 달 이상을 예측하기가 쉽지 않다. 그래서 교인들을 전에 없이 많이 격려해야 한다. 향후 4-12개월 내에 교회가 무엇을 이룰 수 있을 것인가? 조만간 어떤 승리를 거두고 축하할 수 있을까? 교회가 불확실성의 역풍을 뚫고 전진하려면 이런 축하가 더없이 중요하다.

수천 번 커뮤니케이션하지 않는 것도 문제이다. 수천 번은 과장이라고 생각할 수도 있다. 아니, 그렇지 않을 수도 있다. 사람들이 한두 번만 말해도 알아들을 것이라고 생각하는 리더들이 너무도 많다. 그렇지 않다. 사람들을 이해시키기 위해서 리더는 자신의 메시지를 오랫동안 수없이 말하고 또 말해야 한다.

전 세계의 정부 리더들이 팬데믹 기간에 얼마나 자주 목소리를 냈는지 기억하는가? 어떤 리더들은 하루도 쉬지 않고 브리핑을 했다. 불확실성의 시대에 리더는 커뮤니케이션의 횟수를 늘려야 한다. 불확실한 폐쇄 해제 이후 시대의 리더들은 수시로 목소리를 내야 한다.

걸림돌에 너무 신경을 쓰는 것도 문제이다. 일부 교인들에 대해 걸림돌이란 표현을 쓰는 것이 너무 심하다고 생각할 수 있다. 하지만 실제로 그런 사람들이 있다. 입만 열면 부정적인 말을 하는 사람들이 있다. 이 격변의 시기에 그들에게 끌려 다니면 그 교회는 코로나19 이후 시대에 성장하기 위한 변화를 이루어 낼 수 없다.

부정적인 말을 하는 교인들을 사랑하라. 그들을 위해 기도하라. 그들의 불만족에 귀를 기울이라. 다만 그들이 전진할 만반의 준비를 갖춘 교회의 운동력을 와해시키게 놔두지는 말라.

그렇다면 이 불확실한 시대에 어떻게 해야 성공적으로 변화를 이루어 낼 수 있을까? 가장 뛰어난 변화의 리더들은

7가지 핵심 원칙을 따른다.

변화를 이루고 유지하기 위한
7가지 원칙

오랫동안 우리는 교회의 변화를 훌륭히 이루어 낸 리더들과 협력하고 곁에서 관찰해 왔다. 열쇠는 변화를 이끌어 내는 것만이 아니라 유지하는 것이다.

많은 교회 리더들이 팬데믹 기간에 교인들이 변화를 잘 받아들였다고 말했다. 사실 이는 별로 놀라운 일이 아니다. 위기에는 변화의 필요성이 더 분명히 눈에 들어오기 때문이다. 하지만 대부분의 교인들이 결국 과거의 상태로 돌아가기를 기대하고 있다. 그래서 다시 말하겠다. 그 시절은 영원히 갔다. 리더들은 불확실한 새 시대에 교회를 이끌어야 한다. 변화를 이루고 유지하기 위해 따라야 하는 일곱 가지 원칙을 소개한다.

1. 성경적인 소망을 상기시키라

성경에는 변화에 관한 이야기가 가득하다. 예를 들어, 아브라함은 온 가족을 이끌고 미지의 땅으로 향했다. 모세는 이스라엘 백성들을 애굽에서 이끌고 나와 약속의 땅으로 향했다. 여호수아는 백성들을 이끌고 약속과 난관이 함께 기다리는 새 땅으로 들어갔다. 예수님의 첫 제자들은 때로는 목숨을 걸면서까지 계속해서 새로운 선교지로 들어갔다.

그들이 왜 그토록 큰 희생을 기꺼이 감수했을까? 하나님을 믿었기 때문이다. 그들은 하나님께 더 좋은 계획이 있다고 믿었다. 하나님이 소망을 주셨기 때문에 그들에게는 소망이 있었다.

우리가 반드시 이해해야 할 중요한 사실이 하나 있다. 지난 2세기 넘게 북미 교회가 누려온 상대적인 안정은 예외적인 경우였다. 세상의 나머지 부분들과 교회 전체 역사에 비추어 보면 분명 그렇다. 나아가, 편안과 안정이 교회에 좋은 것만은 아니었다는 주장도 가능하다. 히브리서 기자는 히브리서 11장에서 믿음의 영웅들을 소개하면서 편안한 상황이 아닌 난관과 고난을 말한다.

예를 들어, 아브라함과 이삭과 야곱은 여행하는 곳마다 낯선 이방인이었다. 그들의 삶은 전혀 편안하고 안락한 삶이 아니었다.

> 믿음으로 아브라함은 부르심을 받았을 때에 순종하여 장래의 유업으로 받을 땅에 나아갈새 갈 바를 알지 못하고 나아갔으며 믿음으로 그가 이방의 땅에 있는 것 같이 약속의 땅에 거류하여 동일한 약속을 유업으로 함께 받은 이삭 및 야곱과 더불어 장막에 거하였으니 이는 그가 하나님이 계획하시고 지으실 터가 있는 성을 바랐음이라(히 11:8-10).

많은 목사들이 교회를 폐쇄 해제 이후로 이끌며 교인들에게 격려와 소망의 메시지를 전했다. 그들이 교인들을 잘 준비시키는 모습은 참으로 고무적이었다. 예를 들어, 한 목사는 교인들에게 이런 소망의 메시지를 전했다. "우리는 끊임없이 선회했습니다. 우리는 한 번도 해 보지 않은 일을 시도하기를 두려워하지 않았습니다. 매주 새로운 정보가 들어오는 대로 우리는 새로운 것들을 시도했습니다."

또한 그는 디지털 기술로 가능해진 기회들을 선포했다. "이제 우리 교회는 피치 못한 사정이 생길 때만 온라인 활동을 하지는 않을 것입니다. 온라인 활동은 이제 우리의 새로운 현실의 일부입니다."

이 목사는 분명한 소망의 메시지를 전하면서도 미래의 불확실성에 관해서 솔직히 인정했다. "새로운 시대로 들어가면서 긴장이 되는 것도 사실입니다. 하지만 저는 우리 교회가 자랑스럽습니다. 여러분은 우리가 혼자가 아니라는 사실을 이해했습니다. 그렇습니다. 우리의 발걸음 하나하나마다 성령님이 인도하시고 힘을 주실 것이기 때문에 우리는 큰 소망을 품고 이 새로운 시대로 들어갈 수 있습니다."

2. 명심하라, 문화적 변화는 가장 나중이다

많은 리더들이 변화를 이루고 유지하기 위한 첫걸음으로 문화의 변화를 시도했다. 하지만 그 결과는 매번 실패였다. 설교 등을 통해 교인들에게 문화를 바꾸라고 선포해 봐야 소용이 없다. 문화적 변화는 수단이 아니라 목적이다.

오래전, 두려움과 혼란의 문화에 빠져 있던 한 단체의 리더 모임에 참석했던 기억이 난다. 단체의 대표는 모임을 시작하면서 이렇게 선포했다. "여러분 모두 행복해지기를 원합니다!" 하지만 그 선포는 별로 효과가 없었다.

명령이나 선포로 건강한 새 문화를 뚝딱 만들어 낼 수는 없다. 문화는 행동들이 쌓이고 쌓여서 나타난 결과이다. 문화는 환경을 바꾸어서 당장 만들어 낼 수 있는 것이 아니다. 우리의 가정을 예로 들어보자.

아내와 나는 오랫동안 결혼생활을 해 왔다. 연애 기간까지 포함해서 우리가 함께한 시간은 지금까지 살아온 시간의 4분의 3을 차지한다. 우리의 결혼생활은 건강하지만 완벽하지는 않다. 우리 부부 관계의 개선에 큰 도움이 된 것 중 하나는 《사랑의 도전》(The Love Dare)이라는 책을 함께 읽고 실천한 것이다.

이 책은 부부가 40일 동안 읽고 실천하도록 구성된 책이다.[2] 매일의 분량은 "도전", 즉 부부가 서로를 위해 긍정적인 행동을 하는 것으로 마무리된다. 40일의 과정을 마치면 부부는 서로를 격려하고 가정을 강화시키기 위한 40개의 구체적인 행동을 완성할 수 있다.

나는 구체적이고도 긍정적인 행동들로 우리 가정의 문화가 바뀌었다고 분명히 말할 수 있다. 이 책을 읽기 시작하면서 우리 부부가 더 행복해져야 한다고 선포하지 않았다. 하지만 우리 부부가 더 행복해진 것은 우리가 그 40일 동안 꾸준히 실천한 행동의 결과였다.

리더가 구체적이고도 긍정적인 단계들로 꾸준히 교인들을 이끌 때 비로소 교회 문화가 변한다. 대개 처음에는 어떤 단계를 밟아야 할지 정확히 알 수 없다. 눈앞에 놓인 난관과 기회를 실제로 다루기 시작할 때 그 단계들이 눈에 들어온다. 하나님이 그 단계들을 밝혀 주신다.

언제나 행동을 지향하라. 그렇지 않으면 폐쇄 해제 이후 시대에 나타나는 기회들을 놓칠 수밖에 없다.

3. 가시적인 행동 단계들이 중요하다

나는 제목에 '교회'가 들어간 책을 꽤 많이 썼지만 '틀에 박힌 교회'라는 제목의 책은 아직 쓰지 않았다. 하지만 이

제목이야말로 현재 대부분의 교회, 특히 미국 교회들의 상태에 딱 어울리는 표현이 아닐까 싶다.

교회들은 계속해서 변화를 주저하는 모습을 보여 왔다. 예배 시간은 변함이 없다. 예배 순서도 수년 전과 거의 차이가 없다. 온갖 프로그램과 사역이 나타났다가 사라지지만 속을 들여다보면 전반적으로 거의 똑같다.

오래된 기존 교회들만 그런 것이 아니다. 신생 교회들도 기준 활동들의 틀에만 갇혀서 주기적으로 혁신적인 행동 단계들을 밟지 않는다.

오랫동안 교회들은 긴장을 느껴왔다. 주변 문화가 변하고 있기 때문이다. 성장하고 건강한 상태를 유지하기가 점점 더 어려워지고 있다. 늘 하던 방식을 고집해서는 지상명령을 이루기 힘들다는 사실이 나날이 더 자명해지고 있다.

예기치 못한 팬데믹은 그렇지 않아도 힘든 상황을 더욱 악화시켰다. 사회적 거리두기 이전에도 사람들에게 복음을 전하기가 어려웠지만 지금은 '지독히' 어려워졌다.

내가 쓴 글에 달린 댓글은 폐쇄 해지 이후 시대에 교회가 마주하고 있는 난관 중 하나를 생생하게 보여 준다. 오랫동안 교회에서 신앙생활을 열심히 하던 수잔(Susan)이라는 여성의 댓글인데, 다음과 같다.

> 기억도 나지 않을 만큼 오랫동안 교회에 다녔다. 그래야 한다고 생각했다. 지금은 주일에 자고, 페이스북 예배를 볼 때도 있고 보지 않을 때도 있다. 이 스케줄이 정말 마음에 든다. 다시 예전처럼 교회에 다니게 될지 나도 잘 모르겠다. 너무 번거롭다.

폐쇄 해제 이후 시대에 어떻게 해야 수잔 같은 사람들이 대면 모임으로 돌아올 수 있을까? 무엇보다도 교회는 세상을 진정으로 변화시키는 모습을 보여 주어야 한다. 사람들의 삶을 진정으로 어루만지는 모습을 보여 주어야 한다. 외부의 지역 사회를 겨냥한 꾸준한 '행동'이 보여야 한다. 이제 단순 명쾌하게 정리된 비전 선언문으로는 부족하다. 행동이 뒷받침되어야 한다.

외부에 초점을 맞추고 행동으로 뒷받침해야 한다는 것은 코로나19 전에도 마찬가지였다. 하지만 이것이 전에 없이 중요하고 시급해졌다. 교회들은 지역 사회 안에서 그리고 지역 사회를 위해서 단기적인 성과와 지속적인 운동력을 보여 주어야 한다. 과거에는 장기적인 계획이 중요했다면 오늘날에는 단기적인 행동이 더 중요하다.

4. 협력자들은 필수적이다

앞서 말했듯이 변화를 이끄는 목사들이 쉽게 빠지는 함정 중 하나는 협력자들을 모으지 않는 것이다. 이제 폐쇄 해제 이후 시대를 위한 변화를 이끌어 내려면 협력자들은 필수이다.

팬데믹 기간에 우리는 영향력 있는 교인들과 함께 교회의 변화를 준비한 리더들을 많이 보았다. 뛰어난 리더들은 변화를 이끌어 내는 데만 초점을 맞추지 않고, 대면 모임이 시작될 미래를 위해 협력자들을 모으는 데도 최선을 다했다.

이제 온라인 모임뿐 아니라 오프라인 모임도 재개되면서 이런 협력자들이 훨씬 더 중요해졌다. 교인들은 영향력 있는 사람들의 말에 귀를 기울인다. 교인들은 공식적인 권위와 비공식적인 권위를 모두를 원한다. 그래서 교인들은 목사와 장로와 사역자 같은 직책상 리더들뿐 아니라 이런 비공식적인 리더들의 말에 귀를 기울이며 그들을 믿고 따른다.

폐쇄 해제 이후의 교회에서는 변화가 전에 없는 속도로 나타날 것이다. 팬데믹 이전에도 문화는 계속해서 변화를 거듭했다. 하지만 이제 그 속도가 숨이 막힐 지경으로 빨라졌다. 그래서 리더들이 하나님이 만사를 통치하시며 권능으로 교회를 이끌고 계신다는 사실을 교인들에게 계속해서 알려 주어야 한다.

하지만 공식 리더 자리에 있지 않은 사람들 중에서도 교인들에게 긍정적이고 희망적인 메시지를 전해 줄 리더들이 필요하다. 협력은 필수적이다. 교회 내의 역할에 상관없이 영향력을 지닌 협력자들을 찾으라.

5. 커뮤니케이션이 더할 나위 없이 중요하다

커뮤니케이션을 가능한 많이 늘려야 한다. 과도하다고 생각될 정도의 커뮤니케이션이 필요하다. 물론 커뮤니케이선은 지금뿐만이 아니라 어떤 시기에나 중요하다. 다시 말해, 커뮤니케이션은 '항상' 중요하다.

지금 교회는 더없이 혼란스럽고 두려운 새시대에 접어 들었다. 내 평생에 이만큼 교회의 미래가 불확실하게 느껴진 시기는 단연코 없었다. 모든 교인이 현재 시대와 교회의 상황을 실시간으로 알아야 한다. 모든 교인이 현재 진행 중인 변화가 교회에 "좋다"라는 확신을 필요로 한다. 교회가 나아가고 있는 방향을 모든 교인이 제대로 알아야 한다. 설교 시간, 교회의 웹사이트, 소셜 미디어, 주보, 비공식적인 대화, 소그룹 모임 등 가능한 모든 통로를 통해 지속적인 커뮤니케이션이 이루어져야 한다. 반복해서 말하라. 그리고 또 반복하라.

다시 말해, 변화의 시기에 과도한 커뮤니케이션이란 말은 있을 수 없다. 좋은 커뮤니케이션은 뛰어난 리더들의 핵심적인 특징 가운데 하나다. 이 특징이 폐쇄 해제 이후 교회에 더없이 중요한 역할을 할 것이다.

6. 리더는 교인들을 잃는 것을 감수해야 한다

이것이 교회 리더들에게 가장 힘든 일 중 하나일 것이다. 교인들을 잃고 싶은 목사나 교회 리더는 어디에도 없다. 아무리 부정적인 교인들이라 해도 목사 입장에서 그들을 잃는 것은 가슴이 아프기 마련이다. 그리고 어찌되었든 같이 신앙생활을 했던 교인들이 떠나면 다른 교인들도 마음이 좋지 않다. 사기가 떨어지고 연합이 흔들릴 수 있다.

일반적인 변화도 쉽지 않다. 하지만 폐쇄 해지 이후 시대에 필요한 변화의 속도는 이루 말할 수 없다. 분명, 따라오지 못하는 교인들이 나타날 것이다. 주저앉는 교인들이 생길 것이다. 심지어 화를 내며 떠나는 교인들도 있을 것이다.

이런 교인들을 격려해서 함께 가고 싶은 것이 모든 교회 리더들의 한결같은 마음일 것이다. 실제로, 변화의 소용돌이 속에서 흔들리는 교인들은 기도와 관심을 필요로 한다. 하지만 부정적인 교인들에게 너무 신경을 쓰다가 건강한 교인들을 방치하는 사태가 벌어져서는 안된다. 반대의 목소리를 달래는 데 너무 많은 에너지를 쏟으면 교회가 초점을 잃는다.

반대의 목소리에 너무 신경을 쓰면 교회의 사명이 좌초될 수 있다. 안타깝지만 교회 리더들은 일부 교인들의 손을 놓을 각오가 되어 있어야 한다. 폐쇄 해제 이후 시대는 큰 기회의 시대인 동시에 큰 시련의 시대일 것이다. 이 시대를 헤쳐 나가는 열쇠 중 하나는 교인들을 잃는 상황을 다루는 것이다.

7. 리더는 미래와 정렬되어야 한다

간단히 말해, 교회 리더들은 폐쇄 해지 이후 세상의 새로운 현실에 따라 모든 결정을 고려해야 한다. 이것이 미래와 정렬되는 것의 의미이다.

예를 들어, 사역자가 떠나면 새로운 세상의 요구에 따라 새로운 사역자를 영입해야(혹은 영입하지 않아야) 한다. 교회가 너무 많은 프로그램을 벌여 정신없이 바쁘다면 그중 일부를 폐기하거나 디지털 플랫폼으로 옮겨야 할지 고민하라. 시설에 관한 결정을 내릴 때 대면 예배와 온라인 예배에 관한 새로운 상황을 고려하라. 소그룹 활동을 활성화하려고 한다면 모임을 위한 더 좋고도 새로운 방법이 있는지 고민하라. 다시 말해, 폐쇄 해제 이후 시대에는 상황이 완전히 바뀌어 있다. 그러니 최대한 적응해야 한다.

한 교회의 담임목사는 인사 문제를 선견지명과 창의성으로 다루었다. 팬데믹 기간에 부목사가 은퇴하자 이 목사는 미래를 철저히 고려했다. 그래서 같은 전문성을 지닌 다른 부목사를 영입하는 대신 교회의 디지털 목회를 책임질 교육 목사를 영입하기로 결정했다. 내가 이 글을 쓰는 지금, 이 교회는 세 명의 훌륭한 후보를 놓고 고민하고 있다. 내 예상대로 그들은 모두 디지털 기술에 익숙한 젊은이들이다. 교회와 지역 사회의 새로운 요구를 보는 리더들은 새로운 목회 접근법으로 과감히 선회할 줄 안다.

변화가 완성되려면 애써 이루어 낸 변화를 유지시킬 수 있어야 한다. 교회가 폐쇄 해제 이후 시대에 적응하는 동안에도 많은 교인이 예전으로 돌아가기를 기대할 것이다. 하지만 교회가 포스트 코로나 시대에 생존, 나아가 성장하려면 그렇게 해서는 안 된다. 리더는 새로운 현실을 바라보며 교회를 이끌어야 한다.

<<<

PART 2

**새로운
시대의 목회,
이렇게 준비하라**

chapter 7

결론
실천 방안

코로나 이후
교회를 위한
9가지 핵심 방안

폐쇄 해제 이후 시대에도 변하지 '않는' 것들만큼은 확실하게 말할 수 있다.

성경은 여전히 하나님의 말씀이다. 그리스도는 여전히 유일한 구원의 길이다. 기도는 여전히 절대적으로 필요하다. 전도는 여전히 따라야 할 명령이다.

이 외에도 한두 가지가 아니다. 우리가 섬기는 하나님은 어제나 오늘이나 영원히 동일하시다. 하지만 폐쇄 해제 이후 시대에 변화의 바람은 전에 없는 속도로 불어오고 있다. 지금쯤 내 메시지를 분명히 이해했으리라 믿는다. 변화를 거부하는 교회들은 쇠락하거나 심지어 사라질 수도 있다. 듣기 싫겠지만 사실이다.

이 책에서 기술한 것 외에도 분명 당신의 교회와 지역 사회에서 다양한 변화의 바람을 목격했을 것이다. 우리의 예측보다 훨씬 더 많은 변화가 찾아올 것이다.

내 책이나 글을 읽거나 내 콘퍼런스, 온라인 세미나, 팟

캐스트를 들어본 사람이라면 내가 언제나 분명한 행동 계획을 내놓기를 좋아한다는 사실을 알 것이다. 그래서 책을 마무리하는 이번 장에서는 교회가 받아들여야 할 몇 가지 분명한 변화를 제시하고자 한다. 비록 이것이 분명한 행동 계획은 못되지만 향후 교회를 어떻게 이끌지에 관한 창의적인 아이디어들을 촉발시키리라 믿는다.

폐쇄 해제 이후 교회를 위한

9가지 핵심적인 변화

여기서 모든 변화를 다룰 수는 없지만, 이 짧은 목록이 폐쇄 해제 이후 시대에 교회를 성공적으로 이끌기 위한 출발점이 되었으면 하는 바람이다.

1. 단순함이 중요하다

팬데믹 이전에 당신의 교회가 얼마나 바빴는지 기억하는가? 얼마나 많은 프로그램과 사역이 교회 일정표의 한 자리를 차지하기 위해 다투었는지 기억하는가? 충성된 교회 일꾼들이 그 많은 일정을 따라가느라 얼마나 녹초가 되었는지 기억하는가? 버거운 사역의 짐을 견디다 못해 모든 교회 활동을 접거나 아예 교회를 떠난 교인들이 있는가?

그러다 팬데믹으로 인해 전혀 새로운 종류의 난관들이 나타났다. 그런데 내가 대화를 나누어 본 많은 목사나 교회 리더들과 마찬가지로 당신도 팬데믹 기간에 다른 무엇을 발견했다. 속도를 늦추어도 된다는 사실을 발견했다. 수많은 사역의 접시를 돌리면서 자신을 혹사하기보다는 몇 가지 사역에만 집중해도 된다는 사실을 발견했다.

정신없이 달리던 기관차를 멈추었을 때를 돌아보면서 내 말에 귀를 기울이기를 바란다. 폐쇄 해제 이후 기간에 당신이 할 수 있는 가장 해로운 일 가운데 하나는 다시 정신없이 바쁜 상태로 돌아가는 것이다. 과거의 복잡한 교회로 돌아가려는 유혹, 혹은 일부 교인들로부터의 압박이 있을 것이다. 옛 방식으로 돌아갈 뿐 아니라 거기에 온갖 디지털 혁신까지 더하고 싶은 유혹을 느끼는가?

그 유혹을 단호히 뿌리치라. 기존에 하던 모든 것과 새로운 모든 것을 철저히 평가하는 프로세스를 구축하라. 폐쇄 해제 이후 시대의 건강한 교회는 몇 가지에 집중하는 교회일 것이다. 온라인과 오프라인 모두에서 몇 가지를 잘하는 교회가 번영할 것이다. 복잡함을 단순함으로 대체하기에 지금만한 때도 없다.

2. 외부에 초점을 맞춘 교회들만 살아남는다

사실, 이 문제는 몇 마디 말로 설명하기에는 너무도 중요하다. 오랫동안 많은 교회가 종교적인 모임처럼 행동했다. 회원들은 서비스에 대한 수고비를 받고 보너스도 챙겼다. 우리 팀은 지상명령에 아무런 관심조차 없는 수많은 교회를 다루어 왔다.

내부에 초점을 맞춘 이런 교회는 단순히 사회적 기대로 인해 열심히 출석하고 활동하는 교인들 덕분에 겨우 생존해 왔다. 하지만 팬데믹 기간에 많은 교회에서 그런 교인들이 거의 다 빠져나갔다.

이제 상황은 간단하다. 지역 사회에 다가가기 위해 집중적이고 지속적인 노력을 하지 않는 교회들은 죽음을 맞을 것이다.

3. 소모임들로 전환되다

앞서 말했듯이 많은 군중을 수용하기 위해 더 큰 예배
당을 짓는 것은 오직 한 세대, 즉 베이비붐 세대만을 위한
트렌드였다. 이제는 소모임의 시대이다. 폐쇄 해제 이후 시
대에는 동네 교회들이 주된 역할을 맡을 것이다.

대면 예배가 재개된 직후 사회적 거리두기로 인해 많은
교회가 어쩔 수 없이 작은 모임들로 전환했다. 많은 교회가
예배 횟수를 늘렸고 그 상태를 유지할 것이다. 예배 횟수를
더욱 늘리는 교회도 나올 것이다. '멀티' 교회로 전환하는
교회도 늘어날 것이다. 이 '멀티'로의 변화가 우리가 주목해
야 할 변화다.

4. '멀티'가 늘어나다

폐쇄 해제 이후 시대에는 교회의 '멀티' 운동이 급속도
로 확산될 것이다. 앞서 말했듯이, 단순히 주일 아침에 예
배 횟수를 늘리는 멀티 예배 형태가 있다. 하지만 이 외에

다른 '멀티'도 있다.

그렇지 않아도 버티기 힘든 교회들에게 팬데믹은 그야말로 결정타였다. 하지만 많은 교회가 그냥 문을 닫는 대신 자신의 시설을 다른 교회들에 양도했다. 샘 라이너의 표현을 빌자면 이 교회들은 다른 교회에 "입양"되었다.[1] 그렇게 이 교회들은 순식간에 멀티 교회로 변신했다.

어떤 교회들은 많은 사람이 주일 아침에 예배에 참석할 수 없다는 사실에 주목하여 주일 아침 외에도 여러 날에 예배를 드리는 '멀티' 방식을 도입했다.

사회적 거리두기 속에서 일부 교회는 모두가 본당에 모여 예배를 드릴 필요는 없다는 사실을 깨달았다. 그래서 교인들이 교육관이나 교제실이나 소예배실 등지에 흩어져 예배를 드리기 시작했다. 그 외에 남는 공간은 다른 언어권 교인들이 차지했다. 그렇게 이 교회들은 또 다른 의미에서의 멀티 교회가 되었다.

팬데믹 이전에도 멀티 운동은 확산되고 있었다. 폐쇄 해제 이후 시대에도 그 확산세는 줄어들지 않을 것이다.

5. 사역자와 리더를 세울 때 디지털 능력이 더 많이 반영된다

많은 교회가 디지털 기술과 아웃리치에 더 많은 자원을 배정하고 있다. 폐쇄 기간에 교회들이 온라인 예배 방송을 내보내고 온라인 헌금으로 전환하는 데 많은 관심을 쏟았기 때문에 이는 자연스러운 현상이다.

하지만 단순히 최신 장비를 갖추는 것 이상의 상황이 벌어지고 있다. 디지털 세상이 선교지라는 인식이 확산되고 있다. 디지털 세상이 진짜 사람들의 진짜 필요를 다루기 위한 한 방식이라는 사실을 점점 더 많은 교회가 인식하고 있다. 점점 커져만 가는 이 기회를 붙잡기 위해서는 인력을 비롯해서 자원들을 재배치해야 한다. 디지털 기술에 이미 익숙한 젊은 사역자들에 대한 요구가 가장 커질 것이다. 심지어 사역자 명칭에 '디지털'을 붙이는 교회들도 나타날 것이다.

6. '가나안 성도들'이 관심을 받게 된다

교회에 다니지 않는 사람들의 새로운 유형이 나타났다. 일단 그들을 '낙오자들'(straggler) 또는 가나안 성도들이라

부르자. 그들도 팬데믹 이전에는 교회에 얼굴 정도는 비추었다. 하지만 폐쇄 기간에 그들은 오프라인 예배에는 참석하지 않기로 결정했다. 대면 예배가 재개되기 시작했지만 그들은 돌아오지 않았다. 일부 낙오자들은 온라인 예배만 참석하고 있다. 교회와 아예 연을 끊을 낙오자들도 있다.

낙오자들에게 다가가기 위한 완전히 새로운 전략과 자원이 개발될 것이다. 교회 리더들은 이 그룹이 교회에 나오지 않는 다른 그룹들보다 복음과 교회에 더 열려 있다는 사실을 발견하게 될 것이다.

7. 온라인 예배가 다양한 방식으로 더욱 활성화된다

팬데믹 기간 초기에 기독교계에서 두 가지 트렌드가 나타났다. 하나는 온라인 헌금으로의 전환이었다. 적지 않은 교회들이 재정적인 위기를 심각하게 우려하자 우리 팀은 온라인 헌금을 시도해 본 적이 없는 수많은 교회들을 도왔다.

두 번째 큰 트렌드는 온라인 예배였다. 대부분 디지털 기술과는 거리가 멀었던 교회 리더들이 유튜브나 페이스북, 비메오(Vimeo) 같은 플랫폼의 사용법을 익혔다.

폐쇄 해제 이후에도 많은 교회가 온라인 예배를 중점 사역 중 하나로 삼고 있다. 목사들은 직접 다가갈 수 없는 사람들에게 온라인을 통해 다가갈 수 있다는 사실을 깨달았다. 현재 개발되는 전략들로 보면 온라인 예배는 앞으로 매우 다른 형태로 발전할 것이다.

교회들은 교인들 중에서 예배당에 직접 찾아오기 힘든 사람들에게 다가가는 데도 온라인 예배가 유용하다는 사실을 발견했다. 플로리다 주의 한 교회는 적지 않은 노인들이 집에 모여 지내는 양로원 세 곳에 특별한 관심을 쏟았다. 그 결과, 예기치 못했던 두 가지 효과가 나타났다. 첫째, 많은 노인들이 친구를 방으로 불러 함께 온라인 예배를 시청했다. 둘째, 그들 중 상당수가 그 교회에 헌금을 보내기 시작했다. 팬데믹 기간에 이 플로리다 교회의 헌금은 25퍼센트 이상 증가했는데, 증가분의 대부분이 이 양로원들에서 발생했다.

8. 목회자 훈련이 크게 달라진다

몇 년 사이에 많은 학생들이 오프라인 수업에서 온라인 수업 혹은 온오프 조합으로 넘어오면서 고등 교육 분야에도 큰 변화가 나타났다. 신학교와 목회자 훈련 분야도 예외는 아니었다.

팬데믹 이전에는 논의가 주로 교육 방식에 집중되었다. 특히 목회자 훈련과 관련해서 오프라인 모델과 함께 새로운 온라인 모델에 관한 논의가 활발했다.

이런 논의도 중요하지만 그에 못지않게 중요한 이슈가 대두되었다. 그것은 바로 목회자 교육이나 신학 교육의 '방식'만이 아니라 '내용'의 변화다. 목회자 훈련의 특정 부분들은 변할 수 없다. 신약, 구약, 신학, 교회사, 전통적인 영적 훈련들이 그런 부분이다. 하지만 지난 몇 년 사이에 신학 교육의 내용에 특히 다양한 리더십 훈련 같은 실질적인 훈련을 추가해야 한다는 목소리가 꾸준히 높아졌다. 덕분에 교회 리더들에게 신학교나 성경 대학에서 배우지 못한 것들을 가르쳐 주는 새로운 산업 분야가 나타났다.

팬데믹은 대부분의 목회자 훈련에서 빠져 있는 또 다른

영역에 대한 관심을 불러일으켰다. 그 영역은 바로 디지털 세상을 위한 교육이다. 예전에는 디지털 세상을 이해하고 그 세상에 참여하거나 그 세상에 관한 전략적 계획을 세우기 위한 훈련을 받은 목회자가 거의 없다시피 했다.

목회자 훈련은 팬데믹 이전에도 이미 변화하기 시작했다. 폐쇄 해제 이후 시대에 이 변화가 얼마나 더 가속화될지 주의 깊게 지켜볼 필요성이 있다.

9. 목사들이 담임목사 직을 떠나 차석 역할을 맡게 된다

이 변화는 잘 눈에 띄지 않지만 이미 펼쳐지고 있다. 대부분의 목사들은 폐쇄 해제 이후 시대에 필요한 큰 변화를 이끌기 위한 훈련을 받지 못했다. 앞서 말했듯이 대부분의 목사들이 전통적인 신학 훈련을 잘 받았지만 급변하는 세상에 필요한 능력은 갖추지 못한 경우가 많다.

물론 개중에는 재빨리 추가적인 훈련을 받아 준비를 하는 목사들도 있을 것이다. 그런가 하면 타고난 리더십 기술로 버텨나가는 목사들도 있을 것이다. 하지만 그렇지 못한 목사들도 많다. 이 새로운 시대는 노련한 리더들에게도 더

없이 험난한 시대이다.

한편, 또 다른 트렌드가 확산되고 있다. 많은 교회가 멀티 운동에 동참하면서 새로운 예배당이나 예배실을 담당할 목회자를 찾고 있다. 경험이 많은 목사들 중에 좀 더 제한적인 이 역할에 맞는 이들이 많다. 이 역할은 분명 목사직이지만 담임목사에게 해당되는 책임들은 포함하지 않기 때문에 차석 역할이라고 부를 수 있겠다.

우리 앞에 다시 놓여진 기회
백지 교회

폐쇄 해지 이후 시대는 교회와 교회 리더들에게 더없이 험난할 수 있다. 변화를 이끌어야 할 기회가 그 어느 때보다도 넘쳐날 것이다. 분명, 세상은 변했다. 분명, 서구 문화는 변했고 그 변화는 대체로 교회에 적대적인 방향이었다. 분명, 대부분의 교회 리더들은 이 새로운 시기에 필요한 훈련을 받지 못했다.

그럼에도 여전히 이 시기는 기회의 시기다. 어떤 면에서 이 시기는 백지와도 같다. 한 목사는 이 시대를 이렇게 간결하게 정리했다. "교회를 처음 개척하던 시절로 돌아간 것만 같다. 대부분의 영역에서 처음부터 다시 시작해야 한다. 기대되면서도 긴장된다."

이 책은 폐쇄 해제 이후 시대에 대부분의 교회가 마주할 도전들을 다루었다. 하지만 우리가 아직 모르는 것이 훨씬 더 많다. 훨씬 더 많은 변화가 우리를 기다리고 있다.

1세기 크리스천들이 부활하신 구주에 관한 복된 소식을 들어야만 하는 세상 속으로 들어갈 때 어떤 기분이었을지 우리는 그저 상상만 할 수 있을 따름이다. 그들은 그 길이 힘들고 위험한 줄 잘 알고 있었다. 하지만 목숨을 걸 만한 가치가 있다는 점도 잘 알고 있었다.

이 미지의 시대로 들어가는 지금 우리는 어떤 상황이 펼쳐질지 정확히 알 수 없다. 하지만 모든 지혜와 능력의 하나님이 우리의 발걸음 하나하나를 인도하시리라는 사실만큼은 확실하다. 예수님은 마태복음 28장 19-20절에서 제자들에게 지상명령을 선포하신 뒤에 그들이 혼자가 아니라는 점을 상기시키셨다. "볼지어다 내가 세상 끝날까지 너희와 항상 함께 있으리라"(마 28:20).

우리도 같은 확신으로 새로운 시대, 새로운 기회의 시대 속으로 들어가야 한다. 우리도 같은 약속을 품고서 교회를 미래 속으로 이끌어야 한다. 우리도 어떤 상황에서도 혼자가 아니라는 사실을 늘 기억해야 한다. 주님이 우리와 함께하신다는 사실보다 더 중요한 것은 없다.

부록
나눔을 위한 질문들

Chapter 1

<u>**도전 1 교회 폐쇄**</u>

1. 당신의 교회 시설을 혁신적으로 사용할 새로운 방법 한 가지를 생각해 보라.

2. 예배 모임을 가질 다른 날과 시간을 생각해 보라. 현재 다가가지 못하고 있는 사람들에게 다가갈 창의적인 방법을 생각해 보라.

3. 당신의 교회 시설을 지역의 관공서나 학교들과 나눌 방법을 생각해 보라.

Chapter 2

도전 2   비대면 예배

1. 팬데믹 이후로 당신이 사는 지역의 상황이 어떻게 달라졌으며, 그것이 당신의 목회 방식에 의미하는 바는 무엇인가?

2. 지금 당신의 교회에 가장 효과적일 소셜 미디어 채널들은 무엇인가?

3. 당신의 교회에 온라인을 통해서만 접촉하고 있는 비신자들에게 다가갈 최선의 방법은 무엇인가?

Chapter 3

<u>**도전 3 동네교회**</u>

1. 당신의 교회가 지역 사회에 긍정적인 영향을 미칠 수 있는 방법들을 생각해 보라.

2. 점진적인 침식에 관해 생각해 보고, 당신의 교회가 이런 점진적인 쇠퇴를 겪고 있는지는 아닌지 돌아보라.

3. 동네 교회의 귀환에 관해 생각해 보고, 당신의 교회에서 이런 긍정적인 변화가 일어나고 있는지 돌아보라.

Chapter 4

1. 팬데믹 기간에 당신의 교회에서 시작된 기도 사역들에 관해 생각해 보라. 그 사역들이 지금도 활발하게 진행되고 있는가?

2. 어떤 교인들이 당신의 교회와 지역 사회를 위해 주기적으로 기도하는 일에 동참할 수 있을까?

3. 팬데믹 기간에 당신의 교회가 어떤 첨단기술들을 사용했는가? 그 기술들을 지금은 어떻게 사용할 수 있을까?

Chapter 5

1. 당신의 교회가 팬데믹 이전에 시설을 어떻게 사용했는지, 그
   리고 그것이 어떻게 변하고 있으며 앞으로는 또 어떻게 변할
   지에 관해 생각해 보라.

2. 당신 교회의 시설을 다른 단체와 나눌 방법들을 생각해 보라.

3. 당신의 교회가 팬데믹 기간에 온라인 예배 방송을 드린 것으
   로 인해 앞으로 건물 안에서 드리는 예배가 어떻게 달라질지
   에 관해 생각해 보라.

Chapter 6

도전 6 변화의 속도

1. 폐쇄 기간에 당신의 교회가 변화를 얼마나 잘 받아들였는지에 관해서 생각해 보라. 그 기간의 경험에서 어떤 교훈을 얻을 수 있는가?

2. 당신의 교회에서 이미 이루어낸 가장 유익한 변화들에 관해 생각해 보라.

3. 당신의 교회가 폐쇄 해제 이후 시대에 적응하는 데 가장 애를 먹을 만한 영역들에 관해 생각해 보라.

Chapter 2

1. Alex Petros, "Acquisitions in the Time of COVID: Big Tech Gets Bigger," Public Knowledge, 2020년 4월 7일, https://www.publicknowledge.org/blog/acquisitions-in-the-time-of-covid-big-tech-gets-bigger/; Drew Singer and Elena Popina, "Apple, Alphabet Still Buying Back Shares as Tech Giants Flush with Cash," Bloomberg News, 2020년 4월 30일, https://www.bnnbloomberg.ca/apple-alphabet-still-buying-back-shares-as-tech-giants-flush-with-cash-1.1429737.

Chapter 4

1. Evan Andrews, "8 Ways Roads Helped Rome Rule the Ancient World," History.com, 2018년 8월 29일, https://www.history.com/news/8-ways-roads-helped-rome-rule-the-ancient-world; Encyclopaedia Brittanica Online, s.v. "Roman Road System," 2020년 6월 20일 확인, https://www.britannica.com/technology/Roman-road-system; World Heritage Encyclopedia, s.v. "Roman Road," 2020년 6월 20일 확인, http://www.self.gutenberg.org/articles/eng/Roman_road#cite_note- Corbishley.2C_Mike_page_50-4.

2. 예를 들어 다음을 보시오. Clea Simon, "Is Technology Evil?" Harvard Gazette, 2019년 10월 3일, https://news.harvard.edu/gazette/story/2019/10/hubweek-panel-explores-ethics-in-the-digital-world/; David Brooks, "How Evil Is Tech?" New York Times, 2017년 11월 20일, https://www.nytimes.com/2017/11/20/opinion/how-evil-is-tech.html; Kathleen Stansberry, Janna Anderson, and Lee Rainie, "Experts Optimistic About the Next 50 Years of Digital Life," Pew Research Center, 2019년 10월 28일, https://www.pewresearch.org/internet/2019/10/28/experts-optimistic-about-the-next-50-years-of-digital-life/; Chelsea Greenwood, "9 Subtle Ways Technology Is Making Humanity Worse," Business Insider, 2019년 8월 23일, https://www.businessinsider.com/technology-negative-bad-effects-society-2019-8.

Chapter 5

1. 예를 들어 다음을 보시오. Cheryl Mitchell Gaines and Chelsea Langston Bombino, "Why the Black Church Is Vital for Healthy Communities," Public Justice Review 6 (2017), http://www.sharedjustice.org/domestic-justice/2017/12/20/why-the-black-church-is-vital-for-healthy-communities; Bob Osborne, "Why Don't Churches Share?" EFCA blog, 2018년 8월 20일, https://www.efca.org/blog/leading- churches/why-dont-churches-share; Jim Morgan, "10 Ways Churches Underutilize Their Facilities," Meet the Need, 2017년 11월 1일, http://meettheneed.org/blog/2017/11/10-ways-churches-underutilize-facilities/.

2. US Bureau of Labor Statistics, "American Time Use Survey—2018 Results," news release no. USDL-19-1003, 2019년 6월 19일, https://www.bls.gov/news.release/pdf/atus.pdf.

Chapter 6

1. 행 1:14; 2:42; 6:4; 12:12; 13:3; 14:23.

2. Stephen Kendrick and Alex Kendrick, *The Love Dare* (Nashville: B&H Publishing, 2008). 스티븐 켄드릭과 알렉스 켄드릭, 《사랑의 도전》(살림출판사).

Chapter 7

1. Thom Rainer and Sam Rainer, "A Case Study of an Established Church Adopting a Struggling Church," Rainer on Leadership podcast, episode 576, 2019년 10월 1일, 5:14-0:49, https://churchanswers.com/podcasts/rainer-on-leadership/a-case-study-of-an-established-church-adopting-a-struggling-church-rainer-on-leadership-576/. Jessica Pigg, "Bradenton Church Commits to Help Dying Churches"도 보시오, Florida Baptist Convention, 2019년 9월 23일, https://flbaptist.org/bradenton-church-commits-to-help-dying-churches/.